本报告获得以下支持

山东省社会科学规划研究项目"山东地区古代瓷器
手工业综合研究"（项目号：16DKGJ01）

山东大学历史文化学院"考古与历史学一流学科建设资助"项目

淄川渭头河窑址

山东大学历史文化学院
淄博市淄川区文物事业管理局　编著

文物出版社

图书在版编目（CIP）数据

淄川渭头河窑址 / 山东大学历史文化学院, 淄博市淄川区文物事业管理局编著. -- 北京 : 文物出版社, 2020.1

ISBN 978-7-5010-6438-0

Ⅰ.①淄… Ⅱ.①山… ②淄… Ⅲ.①瓷窑遗址—考古发掘—淄博 Ⅳ.①K878.55

中国版本图书馆CIP数据核字(2019)第275273号

淄 川 渭 头 河 窑 址

编　　著：山 东 大 学 历 史 文 化 学 院
　　　　　淄博市淄川区文物事业管理局

封面设计：彭家宇
责任编辑：秦　彧　彭家宇
责任印制：苏　林
出版发行：文物出版社
社　　址：北京市东直门内北小街 2 号楼
邮　　编：100007
网　　址：http://www.wenwu.com
邮　　箱：web@wenwu.com
经　　销：新华书店
印　　刷：北京荣宝艺品印刷有限公司
开　　本：889mm×1194mm　1/16
印　　张：13　　插　页：2
版　　次：2020 年 1 月第 1 版
印　　次：2020 年 1 月第 1 次印刷
书　　号：ISBN 978-7-5010-6438-0
定　　价：240.00 元

Weitouhe Kiln in Zichuan

by

School of History and Culture at Shandong University

Cultural Relics Bureau of Zichuan District, Zibo City

Cultural Relics Press

内容简介

2013 年 10 ～ 12 月，山东大学历史文化学院考古学系、淄博市文物局、淄川区文物事业管理局对淄博市兴利公司厂房内渭头河窑址进行了考古发掘。窑址中有许多遗迹，包括水井 2 口、石碾 2 盘、泥浆池 4 个、晾泥池 3 个、沉淀池 3 个、制作间 2 栋、窑炉 3 座以及料缸、水渠若干等。同时，窑址出土了大量瓷器、窑具标本。报告对各种遗迹进行了较为翔实的描述介绍，对出土遗物和部分传世品进行了详细介绍和研究，明确了渭头河古窑产品特征以及燃料、原料、生产、销售等环节内容。

通过对 2 栋制作间地面填土进行解剖，并参考各建筑风格、材料的差异，将几处遗迹使用期归结为三个阶段。同时，结合丰富的口述材料，可将渭头河窑址烧造历史分为三个时期，即清代中叶至民国时期；中华人民共和国成立至 20 世纪 60 年代；20 世纪 70、80 年代。清理的二号水井出土一批胎釉特征较为接近的瓷器，判定其时代应集中于金元时期，从而将本地区瓷器烧造年代大大提前，也为进一步探寻渭头河窑址早期内容提供一定的依据。

虽然渭头河窑址延续时代较晚，但保存状况良好。本报告系统揭示了北方地区瓷器烧造的流程。

Abstract

This book is a report on excavating of the Weitouhe kiln site in Zichuan District, Zibo city, Shandong province. Department of archaeology, School of history and culture at Shandong University, Cultural Relics Bureau of Zibo and Cultural Relics Bureau of Zichuan District has conducted cooperative excavation to the Kiln site of Weitouhe in the factory of Zibo Xingli company from October to December in 2013. There are many relics in the kiln site, including 2 Wells, 2 kollergangs, 4 mud pits, 4 mud drying pools , 3 sedimentation ponds, 2 production rooms, 3 kilns, as well as several glaze tanks and canals. At the same time, a large number of porcelain, kiln furniture specimens were unearthed in the kiln site. This report gives a detailed description and introduction of these relics, and conducts study on the major unearthed relics and some handed down products, identify the product characteristics of Weitouhe kiln as well as the connection and contents of the fuel, raw materials, production and sales.

By dissecting the ground filling in the two production rooms and referring to the differences of each architectural styles and materials, the service life of several relics can be divided into three stages. At the same time, combined with abundant oral materials, Weitouhe kiln site firing history can be divided into three periods: from the middle Qing Dynasty to the Republic of China period; from the founding of the People's Republic of China to the 1960s; the 1970s and 1980s. A batch of cleaned porcelain with similar characteristics of ware and glaze unearthed from the No.2 Well, was determined to produced in the Jin and Yuan Dynasties. This discovery makes the date of using porcelain in this area or even the firing time earlier, it also provided a certain basis for further exploring the early contents of Weitouhe kiln site.

Although the using time of Weitouhe kiln site is in the 18th to 19th century, it has been well preserved. It is rare for ancient kilns in northern China. The report make a systematic exposition on the processing of porcelain firing in northern China and provide some help for the related relics in the kiln site and the ancient porcelain production technology in the area, and on this basis, the combination of ancient technology and modern technology, to better serve the society and other aspects!

目　录

插图目录

彩版目录

第一章　概况

一　地理环境

淄川位于今山东省淄博市中南部。南依博莱边境，北靠齐文化腹地张店，东邻故都青州，西与"明清丝绸之乡"周村毗邻。境域东西长 48、南北宽 42 千米，面积约 1000 平方千米，现居住人口 70 余万。

地形上淄川地处泰沂山脉腹地，淄博盆地中部，北面是沃野千里的华北平原。境内地势起伏，平原、丘陵、矮山交错分布（图一）。地质构造上，属奥陶纪石灰岩与沉积岩层相接处的断层地带，由于受到禹王山断层所致，形成一个东南部、西南部半封闭的地形结构。地形处隆起断块边缘，构成向斜构造。由于受到鲁中山地剧烈抬升影响，东南部和西南部层峦叠嶂，山峰陡峭，往北倾斜，地势逐渐平缓，第四沉积较厚。东南部与西南部中低山区，地表裸露岩石，主要为前震旦系片麻岩、震旦系夹燧石结核之硅质灰岩、寒武系及奥陶系灰岩等，绝对高度在 200～400 米。山势主要为南北走向、东西走向。一般区域，南北走向的山脉南陡北缓，东西走向的山脉西陡东缓。全区海拔 800 米以上的山峰有 17 座，500～800 米的近 500 座，300～500 米达 600 余座。

由于南部地壳剧烈的抬升和北部平缓沉积作用，境内湖泊众多。淄河、孝妇河贯穿全境，均为南北走向，汇入小清河，流域面积达 3300 多平方千米。其中，淄河靠东，境内长 30 千米，流经区域内山峰高耸，植被稀疏，因而水位受降雨影响，暴涨暴跌。孝妇河境内长 27 千米，两岸城镇耸立，工矿众多。范阳河发源于博山境内的甲山（夹谷台，史传为齐鲁会盟处），连接淄博境内三大水库之一的萌山水库。此外，境内还有般河、锦川河、五里河、青杨河、白泥河等河流，纵横交错。这部分河流均为季节性河流，由于受季节性和气候变化的影响，河水流量均随季节而变化，时而暴涨时而干涸，给当地居民带来一定困扰（图二）。

地质资源方面，淄川地区有着丰富的矿产资源，除煤、铁外，还有陶土、铝土、红黏土、焦宝石、大理石、花岗石、石英砂等建筑耐火材料。东面为海拔百余米的石灰岩山脉，碳酸钙含量在 97% 之上。部分山谷由于土壤沉积、冲刷条件，形成天然的钙釉料堆积（当地俗称药土地），含铁量较大。西面为变质岩隆起，蕴含丰富煤炭资源，煤层之上伴生有铝矾土（当地俗称青土）、黄土等，两者混合可塑性较好，为制作瓷胎的材料。

二　历史沿革

淄川古称般阳、贝丘，是现淄博市除临淄以外最早设县的地区，历史悠久，文化底蕴深厚。淄川之名源于境内淄河，淄河古称淄水，《水经注·淄水》条："出泰山、莱芜县原山，东北过临淄

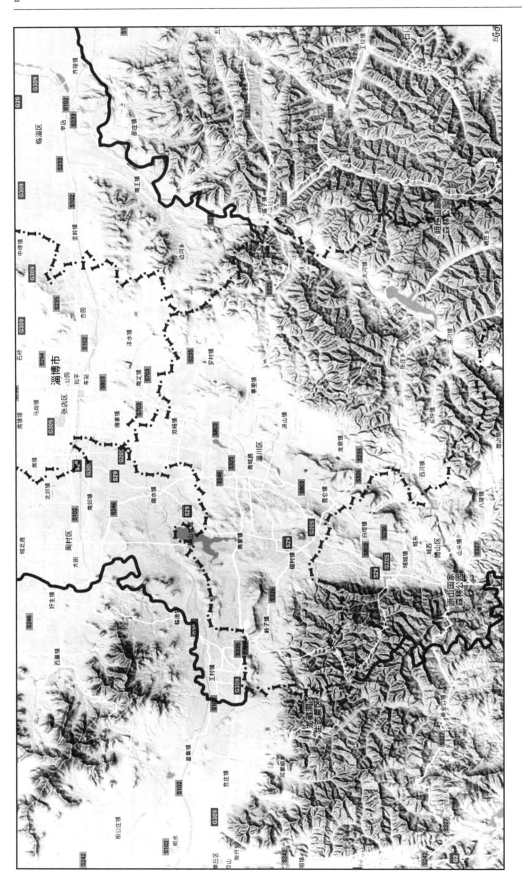

图一　淄川区地形分布图

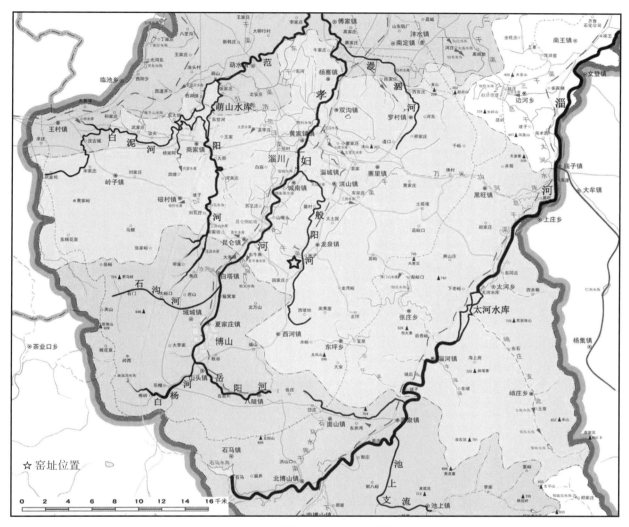

图二　淄川区水系分布图

县东。"[1]《元和郡县图志·淄州》："（淄水）出县理东南原山，去县六十里，俗传禹理水功毕，土石黑，数里之中波若漆，故谓之淄水也。"[2]《地理志》："原山，淄水所出，故经有原山之论矣。"

淄川故地旧时县境西至白云诸山，东至胶莱半岛，南入莱邑，北含昌国，幅员辽阔。《淄川县志》记载："淄川为道、为路、为州，皆兼辖数县。南至临沂，东至登、莱，其地甚广"[3]，其也是连接历城与胶东半岛、华北平原与江淮地区两大交通要道的咽喉，历代军事要冲和地区首府，兵家必争之地。

"（淄川）夏，青州之域，殷隶营州，周隶青州齐国，秦隶齐郡"[4]。西汉景帝二年（公元前155年）立般阳县。因位于般水之阳故名。王莽改制为济南亭。《水经注·济水》："陇水南出长城中，北流至般阳县故城西，南与般水会，水出县东南龙山，俗亦谓之为左阜水，西北径其城南。王莽之济南亭也。

[1]　陈桥驿校正、（北魏）郦道元：《水经注校注》卷二十六"淄水"，中华书局，2013年，第596、597页。

[2]　（唐）李吉甫：《元和郡县图志》卷十一"河南道七·淄州"，《畿辅丛书》。

[3]　（清）张鸣铎、张廷寀：《乾隆淄川县志》卷一"舆地志·续沿革"，艺林石印局印，第44页。

[4]　（清）张鸣铎、张廷寀：《乾隆淄川县志》卷一"舆地志·沿革"，艺林石印局印，第43、44页。

应劭曰：县在般水之阳，故资名焉。"[1]

三国时期，魏明帝景初三年（239年）新沓民自辽东渡海来归，置新沓县（今罗村西北），晋设般阳县，属齐州[2]。

南北朝时期，刘宋初，冀州侨置青州所辖清河郡侨置于般阳。《魏书》称："刘裕置东清河郡于般阳城。"原清河郡所辖之贝丘、驿幕、郁、武城诸县，侨置般阳县境，郡置般阳城。

刘宋元嘉五年（428年）改贝丘县，于县置清河郡。北魏沿之，属东清河郡，隶属齐州（治历城）。"高齐废郡，以贝丘属齐州"[3]，郡治在般阳。

隋开皇十六年（596年）以县置淄州，十八年改贝丘县为淄川县，这是以"淄川"命名的开始。大业初，废县属齐州[4]。

唐武德元年（618年），置淄州，领淄川、长白、莱芜三县。六年，废长白、莱芜二县。八年，又以废邹州之长山、高苑、蒲台三县来属。天宝元年（742年），复为淄川郡。乾元元年（758年），复为淄州[5]，属河南道，辖淄川、长山、高苑、邹平四县。五代十国时期为淄州。

北宋置淄州淄川郡，隶属于京东东路。政和五年（1115年）辖淄川、长山、高苑、邹平四县。

金置淄州淄川县，隶属山东东路。淄川县下辖金岭、张店、颜神店三镇。

元朝，淄川隶属于山东东西道般阳府路。"元初太宗在潜，置新城县。中统四年，割滨州之蒲台来属。先是，淄州隶济南路总管府；（中统）五年（1264年），升淄州路，置总管府。是岁改元至元，割邹平属济南路、高苑属益都路。（至元）二年（1265年），改淄州路为淄莱路。二十四年（1287年），改般阳路，取汉县以为名。"[6]下设司一（即录事司），州二（莱州、登州），县四（淄川、长山、新城、蒲台）。

明洪武九年（1376年），改般阳路为淄州，仍辖以上四县。次年七月废淄州，所辖县改属济南府。隶属山东布政司。

清沿用明制。淄川县属济南府。

民国初期，淄川县属济南道。民国十七年（1928年）废道，淄川县直属山东省辖。民国十九年（1930年）县辖十路，后改为九区。1948年3月，淄城解放，淄川县属淄博特区。

1950年5月属淄博专区。1953年7月属淄博工矿特区。1955年4月，淄川县制撤销，原县境划为杨寨、昆仑、洪山三区，属淄博市。1956年2月，撤销杨寨、昆仑两个区建制，设淄川区，属淄博市，下设十个办事处。1958年4月，洪山建制撤销，其所属6个乡，3个镇并入淄川区，同年9月撤销乡镇建制，成立15处人民公社。

1984年4月，地方建制改革，撤销原公社之名，逐级建立人民政府。全区共辖9个镇、14个乡，后经多次调整，至今共辖18个乡镇、3个街道办事处、1个经济开发区。

---

[1] 陈桥驿校正、（北魏）郦道元：《水经注校注》卷八"济水"，中华书局，2013年，第201、202页。

[2] （宋）乐史：《太平寰宇记·史部》卷十九"河南道·淄州"，钦定四库全书影印版。

[3] 刘敦愿、宋百川、刘伯勤校释、（元）于钦：《齐乘校注》卷三"郡邑·淄川县"，中华书局，2012年，第205、206页。

[4] 刘敦愿、宋百川、刘伯勤校释、（元）于钦：《齐乘校注》卷三"郡邑·淄川县"，中华书局，2012年，第205、206页。

[5] （后晋）刘昫：《旧唐书》卷三十八"志十八·地理一·淄州"，《钦定四库全书》影印版。

[6] （明）宋濂：《元史》卷五十八"志第十·地理一"，《钦定四库全书》影印版。

三　窑址烧造历史

渭头河窑址位于山东省淄博市淄川区龙泉镇渭一、渭二村，西邻昆仑古镇、北上龙口（图三；彩版一），陶瓷器烧造历史悠久。

渭一村作为龙泉镇 17 个行政村之一，有着深厚的历史渊源和古老文明。早于宋元时代，先民们就在般河源头倚河而居，叩石垦壤，繁衍生息……度过洪荒的年代，步入文明的园苑。这一时期，渭头河一带就已出现制陶业，并形成村落。明清时期特别是清中叶以后，渭头河地区陶瓷制造业逐渐兴盛。

山东省陶瓷公司所编《淄博陶瓷工业大事记》记载：

"崇祯十五年（1642 年）淄川大昆仑西山一带发现白釉石（白药石），继此颜神镇附近窑场用以制做白釉产品。"

"雍正十三年（1735 年）淄川峪头河村（今渭头河村）孙氏建窑生产黑陶碗，乃此地最早陶瓷厂家。"

"嘉庆二十三年（1819 年）淄川峪头河村业陶者发展到六七家，生意兴隆，于村西建窑神庙。"

民国二十三年（1934 年）（表一），淄川渭头河村制陶者 26 户，有窑 29 座，缸产量 25 万只，有工人 510 名，兴盛期产品畅销东三省。

"九·一八"事变后，渭头河窑产销锐减。据《中国实业志》载，这一时期渭头河有从事陶器制造者 10 余家，工人均在 20 人左右。是项陶器，终年制造。惟严冬冻冰，则行停工。

中华人民共和国建立初，渭头河一带有顺和、德圣、三亩园、新生、福兴、西信、大成等 20 余家窑场，共有缸窑、碗窑、盆窑 44 座，均为圆直焰窑。

1949 年 10 月，淄川县政府建立公营益民窑场，以组织群众生产自救。1951 年 5 月县政府在渭头河投资新建益民二厂，次年与益民窑场、砖瓦厂合并为淄川窑厂。生产各类产品，除在本地销售外，大多远销天津、保定、惠民、禹城等地。

1953 年，渭头河一带的个体陶瓷和手工业者走上集体化的道路，建立陶瓷生产公社，德盛、新生、福兴、西新、大成等 6 家窑厂合资经营，建立利华窑厂。

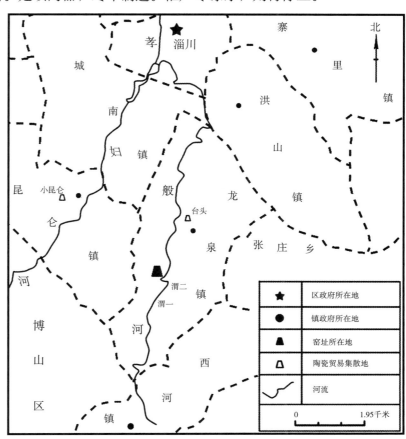

图三　渭头河窑址发掘位置示意图

表一　1934 年渭头河地区 10 家窑场基本情况

窑名	固定资本（银元）	产量（件）	产值（银元）
王继隆窑	1000 元	9400 件	5700 元
松林窑	800 元	9000 件	5400 元
孙兆壁窑	900 元	900 件	5400 元
司仲言窑	700 元	8300 件	4900 元
恒升窑	500 元	4000 件	2400 元
戚志谱窑	600 元	4000 件	2400 元
刘继广窑	900 元	4000 件	2400 元
致和窑	1200 元	9600 件	6000 元
大成窑	900 元	9000 件	5400 元
义昌窑	1000 元	9600 件	6000 元

1956 年 11 月，伴随着新中国社会主义改造运动，利华窑厂、陶瓷生产社并入淄川窑厂。至此，完成了淄川陶瓷生产业的联合改造进程（彩版二，1、2）。

1962 年 8 月，淄川窑厂改称为山东淄川陶瓷厂，开始大规模现代化机械陶瓷生产阶段（彩版二，3、三，1～3）。

四　发掘内容

此次发掘区位于山东淄川陶瓷厂旧址内，现为山东省淄博兴利陶瓷有限公司。自清代中叶至 20 世纪 80 年代，渭头河窑陶瓷业在社会变革中不断发展壮大，烧造工艺一直传承，在淄博陶瓷史上占据了重要地位（彩版四、五）。

长期以来，由于窑址范围内土地使用较为频繁，缺少必要的管理和维护，渭头河窑址保存状况较差（彩版六～八）。2009 年，淄川区文物局于第三次全国文物普查期间发现 3 座馒头窑、2 栋制作间，保存状况堪忧。同年，淄博市政府公布其为第四批"市级文物保护单位"。2012 年 6 月，在兴利公司厂房基建过程中，相继清理出石碾、水池等遗迹（彩版九）。

有鉴于此，2013 年 10 月 16 日至 11 月底，山东大学历史文化学院考古学系、淄博市文物局、淄川区文物事业管理局等单位联合，对兴利陶瓷公司院内保存窑址进行整体清理、试掘工作。

结合渭头河窑址历史上制瓷环境和现场保存状况，本次考古工作可分以下几项内容：

第一，整体清理发掘区地表大量后期堆积，并对局部地区土层加以筛选。由于窑址发掘区前期土地使用较为频繁，地表遍布现代建筑、生活垃圾、杂草、碾石碎块、各类陶瓷片、窑具等，遂先对表层堆积采用人工翻拣，收集相关包含物，后进行整体清除。如此清理至窑址原生堆积为止，并尽量保持遗迹原貌。对于部分包含物较丰富的区域，还采取人工筛选的方式尽可能完全的收集遗物。

鉴于窑址发掘区厚 0.8 ～ 4 米的表层堆积，应是比较简便、合理的工作方法。

第二，对制作间、窑炉、各类池等重点遗迹进行人工清理，遵循"在尽量不破坏任何显露遗迹情况下整体揭露"的原则。由于发掘之前部分遗迹已暴露于地表，包括石碾、泥浆池、晾泥池、制作间、馒头窑等。对于这部分遗迹，发掘过程中以"打扫"为主，包括清除遗迹表面浮土、杂草，清理出制作间内砖铺地面，清掏窑炉火膛内炉渣等（彩版一〇，1、2）。另外，对窑址范围内空旷地带采用田野考古发掘的方法，由上至下相继清理出若干池、水渠、房址和水井等遗迹。整个过程严格遵循考古发掘的基本原则，遗迹分别编号，并按单位收集遗物、采集标本和检测样本，在尽量不破坏任何显露遗迹情况下整体揭露。

第三，对重点区域、时代关系不明的遗迹采取开挖探沟、考古钻探的方法对其进行深度剖析。为探明操作间内部填土构造与外部相关遗迹早晚关系，在 2 座操作间内部及外部沿墙根处分别选取适当位置开辟宽 1 米探沟。对于地层堆积较为理想的区域，则采用人工钻探的方式获取窑址原生堆积情况。通过这些工作，试图了解窑址烧造年代、发展阶段等问题。

第四，针对窑址的原料、燃料产地调查、取样。中国古代瓷窑业受到交通等条件的限制，一般选择自然资源较为优越的地区，渭头河窑址亦如此。通过咨询当地制瓷技师、老窑工，采用野外考古调查的方法，分别对渭头河窑制瓷原料和燃料产地进行调查、取样。其中，窑址东面石灰岩山体，当地称"智公山"，山峪内形成丰富的釉料堆积，质地纯净、细腻，呈淡黄色。由于当地历年开采，今暴露出 4 米多厚断面，随处可见横向掏挖的洞穴（彩版一一，1、2）。窑址西面为变质岩山体，蕴含丰富煤炭资源（紧邻窑址西南角即有一座 2010 年左右关闭的当地小煤窑），煤层之上伴生有铝矾土（当地俗称青土）、黄土等，两者混合可塑性较好，为制作瓷胎的原料。至今，在山脚和半山腰还遗留有当年开采青土、黄土的洞口（彩版一二，1、2）。针对这些地点，调查过程中采用 GPS详细定位，并随机对原料进行取样，以便后期进行成分检测。

第五，利用现代陶瓷公司生产设备，现场对出土坯料、釉料、特殊产品进行烧造实验。由于发掘区位于兴利陶瓷公司院内，遂在发掘过程中利用公司现有窑炉等设备对部分原料、陶瓷样品进行相关烧造实验（彩版一三，1 ～ 4）。虽然该公司目前以烧造工业陶瓷为主，窑炉为燃烧天然气的长条形轨道窑，烧成为氧化焰气氛，但仍对我们判定、认识部分样品提供了借鉴作用。

第六，采访当地老窑工、技术工匠，请教陶瓷生产的相关技术、知识。虽然渭头河窑址烧造时间较晚，但为我们详细了解其烧造历史、生产技术等内容提供了便利。特别是通过采访当地老窑工和原淄川陶瓷厂制瓷技师，了解到此次发掘区内一、二号窑炉停烧的准确时间和当时陶瓷生产的各道工序情况，对我们判定渭头河窑烧造时间和相关遗存面貌、性质提供了准确的口头资料。

第七，对窑址出土遗存进行后期整理工作，全面、系统了解渭头河窑址。清理结束后对窑址出土各类陶瓷器（片）、窑具等遗物进行清洗，并挑选典型标本；对各个遗迹单位分别进行测量并绘制线图，判定其性质，获得窑址较为全面、系统的考古资料。

第二章　遗迹

从遗存现状看，渭头河窑址整体保存完好。发掘区地表原堆弃大量现代建筑、生活垃圾，厚0.80～3.00米，清理后即暴露相关遗迹（图四）。发掘过程中为了解各类遗存之间相互地层关系及前期堆积情况，选择重点区域开辟探沟。

探沟以外，通过清除发掘区地表大量生活垃圾，清理包括水井2口、碾盘2个、池11个（其中，可辨泥浆池4个、晾泥池3个、沉淀池3个）、房址6座（包括制作间2栋）、窑3座以及若干料缸、水渠等遗迹。分布较为集中，基本保存完整。

结合当地民俗资料与口述调查资料，可以明确渭头河窑产品烧造流程：首先，利用石碾对瓷石等原料进行破碎、细研加工；其次，将研磨精细的原料混合水放入泥浆池进行发酵，发酵完成后形成坯料；再次，从泥浆池内将坯料转入晾泥池进行晾晒脱水、进一步发酵，此后，待坯料基本脱水凝固后，将坯料运入操作间进行拉坯成型、施釉工序；最后，入窑烧造成型。整套工序环环相扣，分工明确。

从各遗迹相互位置关系及其性质来看，此次发掘区基本可以组合两套完整的陶瓷生产工序——包括坯料的粉碎、发酵、晾晒、拉坯成型、施釉烧造等步骤，再现渭头河窑原料加工、产品成型等内容。现分别予以介绍。

一　探沟堆积

出于保护窑址完整性的缘故，此次发掘并未对窑址区进行系统揭露。仅清除地表近现代废弃物后，即露出原窑址本体。发掘探沟6条，以便了解各遗存相互关系及堆积状况。各探沟情况如下：

1. TG1 堆积

位于窑址北部，沿F1南墙根外侧布置，呈东西向分布，方向120°，面积28.5米×1米（图五；彩版一四，1～4）。主要了解F1修缮情况与房址外文化层关系。填土分四层。

第①层：灰褐土，夹杂大量炉渣，近、现代建筑垃圾及瓷片。厚0.10米。

第②层：黄褐色细沙土，混合大量炉灰、瓷片。此层下清理出4～9号六个料缸[1]。厚0.10～0.20米。

第③层：浅黄褐色黏土，包含炉渣、瓷片及少量窑具。厚0.20～0.30米。

---

[1]　料缸，用于瓷器生产过程中各类器坯施釉而盛装釉料之器具，从发掘出土遗存来看，渭头河窑主要利用该窑生产各式釉缸，均成组出现。TG1内沿F1外西南墙根摆放11口料缸，口部或上部均已残破，除7号缸放置于长方砖砌筑方槽内，其余直接放置于当时建筑外地面。清理过程中出于保护需要，均清理至料缸外底部为止。

第④层：灰褐土，包含部分瓷片、窑具和建筑材料。出土 1 ~ 3、10、11 号五个料缸。清理与 F1 配套的地炉 2 座。厚 0.25 ~ 0.30 米。

2. TG2 堆积

位于窑址西南部，沿 F2 东南角墙根外侧布置，呈东西向分布，方向 115°，面积 5 米 × 1 米（图六；彩版一五，1、2）。主要了解 F2 修缮情况、F2 西侧外斜坡与房址主体关系、房址与外部文化层关系。表土清理完毕后，暴露 6 口成排放置的料缸。其中，2 号缸下叠压 6 号缸。填土分两层。

第①层：灰褐土，夹杂大量炉渣，近现代建筑垃圾及各种瓷片。厚 0.10 ~ 0.20 米。此层下清理出 1、2 号料缸。

第②层：黄褐色土，内含炉渣颗粒及大量近现代工业陶瓷、建筑陶瓷、砖瓦等。厚 0.20 米。此层下清理出 3 ~ 6 号料缸。

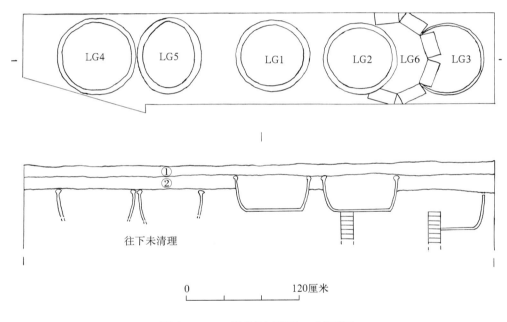

图六　TG2 堆积地层平、剖面图

3. TG3 堆积

位于窑址西部，F2 内西北角，呈东西向分布，方向 115°，面积 3 米 × 1 米（图七；彩版一五，3、4）。主要了解 F2 内地层堆积情况。填土分九层。

第①层：黑色细煤渣，颗粒均匀，质地疏松，基本不包含遗物。厚 0.10 米。

第②层：黑色粗渣灰，质地疏松，包含大量碎砖、瓦片等。厚 0.36 米。

第③层：黄褐色细砂土，质地致密，包含少量瓷片、煤渣。厚 0.05 米。

第④层：粗煤渣灰，质地疏松、均匀，包含少量瓷片、碎砖等。厚 0.15 米。

第⑤层：黄褐色砂土，夹杂砖块、瓦片和少量白灰颗粒，表层形成 2 厘米厚硬面。厚 0.34 米。

第⑥层：灰色细煤渣灰，表层形成硬面，与 F2 墙基齐平。厚 0.12 米。

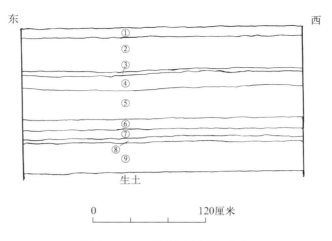

东　　　　　　　　　　　　　　　　　　西

生土

0　　　　　　120厘米

图七　TG3 堆积地层剖面图

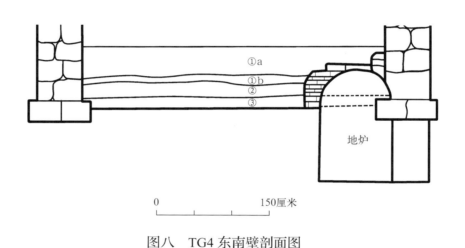

0　　　　　　150厘米

图八　TG4 东南壁剖面图

第⑦层：灰褐砂土夹杂红色细渣灰，质地疏松，包含物较少。厚 0.10 米。

第⑧层：灰褐色细砂土，质地疏松，包含少量陶、瓷片、建筑构件等。厚 0.06 米。

第⑨层：黄褐色细沙土，夹杂砖块、瓦片及匣钵碎片。厚 0.34 米。

4. TG4 堆积

位于 F1 内西端，距西墙基 11 米，面积 4 米 ×1 米（图八；彩版一六，1 ～ 3）。堆积分三层。

第①层：可细分为两亚层。

第① a 层：炉渣灰夹杂少量黄褐土，表面铺砖。厚 0.30 米。

第① b 层：上部为厚 0.05 米黄砂土，下部垫 0.05 米细炉渣灰。

第②层：粗炉渣灰，表层黄土加工致密。厚 0.23 米。

第③层：灰褐色砂土，包含少量木炭颗粒、瓷片，为 F1 初始地面。厚 0.25 ～ 0.35 米。地炉主体于此层起筑，火塘部分往下打破第③层，未清理结构不详。

5.TG5 堆积

位于窑址西端，位于 F2 与 Y1 之间，呈南北向分布，方向 20°，面积 3 米 ×1 米（彩版一七，1）。探沟内堆积均为后期填土，质地杂乱，均为炉渣炭灰，内含砖块、瓦片及大量缸片等。探沟内堆积清理至 0.40 米处，于南端靠近 F2 墙基处暴露一段东西向瓷水管。水管一端方唇，外折，口径 0.70 米，另一端直径 0.50 米。瓷管向西延伸至地下石砌排水沟内，管道东段北侧立有两根木桩，应用于固定瓷管。瓷管东侧连接一根细瓷管，瓷管直径 0.35 米。

6.TG6 堆积

位于窑址中部，沿 F6 东北角及 C5 西北角外侧墙壁分布，呈东西向分布，方向 112°，面积 5 米 ×1.3 米（图九；彩版一七，2）。探沟内堆积均为后期填土，质地杂乱，仅一层，厚 0.15 米。土质呈黄褐色，夹杂大量炉渣灰及瓷片。清理料缸 5 口，料缸内残存黄褐色细泥，颗粒均匀，质地纯净。

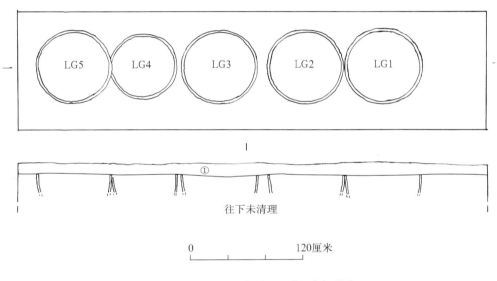

图九　TG6 堆积地层平、剖面图

二　房　址

共清理 6 处房址，其中，F1、F2 保存相对完整，应为制作瓷器过程中的制作间。其余 4 处破坏较严重，仅残存部分墙基。

1.F1

位于发掘区北部，紧邻 C2 西壁（图一〇，彩版一八，1 ～ 3），西端约 12 米墙基以上部分被拆除。坐北朝南砖石混筑二层结构。一层自下而上依次为长方形条石砌筑一周墙基，宽约 1.00 米；墙基之上石块垒砌墙体，其内利用薄方砖发券拱。空隙处填塞泥土、瓷片、窑具、建筑垃圾等。南墙原辟 3 拱门、4 处通风口，后期被封堵。南墙基以下砌地炉 2 座，外连接砖砌方坑。墙体厚 0.60 米。操作间内底部铺垫长方砖；二层为砖砌硬山顶结构，屋顶铺设长方形灰板瓦，未进行清理。整栋建筑东西长 31.70、南北宽 5.30、高 7.50 米。

从建筑材料及风格推测，该建筑至少经历两次修筑，沿用时间较长。

根据清理发掘出土器物特征及房屋建筑特点，初步推测建筑年代为民国时期，使用止于 20 世纪 80 年代。

2. F2

位于发掘区西南部，紧邻 Y2 西北端，整体为转角式砖石混筑二层结构（图一一；彩版一九～二三）。一层结构基本完整，主体采用无梁方砖发券拱构造。两侧墙体利用长方砖横向错缝垒砌，其内紧贴侧墙利用长方砖纵向侧立起券，形成隧道状圆形拱顶。南面山墙底部横向铺垫一层长方砖，其上利用长方砖"一顺一丁"垒砌三层，高 0.84 米；其上利用石块、匣钵垒砌墙体，高 0.60 米；再往上利用长方砖横向错缝砌筑至屋檐部分，高 3.88 米；再往上则利用长方砖顺丁砌筑至屋脊部分，高 2.40 米。其中，一层山墙正中辟一门，宽 0.80、高 1.48 米；往上二层山墙中心辟一小窗，宽 0.80、高 1.00 米。窗户两侧各开一长方形小孔。整个建筑一层长 29.60、宽 4.64 米，墙体厚 0.40 米。二层屋顶瓦檩全部脱落，仅残存 10 道挑尖桃形券骨。其中，整个建筑转折处伸出四道券骨，构筑出整个建筑的弧形转角，结构布局美观、合理。各个挑尖桃形券骨宽 4.50、内径 3.70、厚 0.40 米。

根据清理发掘出土器物特征及房屋建筑特点，初步推测建筑年代为清末民初，使用止于 20 世纪 80 年代。

3. F3

位于窑址东南部，紧邻 C4 南端（图一二）。平面呈长方形，方向 108°，东西长 10.10、南北残宽 9.30、残高 0.70 米，墙体厚 0.60 米。房内填土为三合土，另外在西北部残留一砖混基座（晚期安装机械）。

根据清理发掘出土器物特征及房屋建筑特点，初步推测建筑年代为 20 世纪 70 年代。

4. F4

位于窑址西北部，紧邻 Y1 东南端，被扰动。平面呈长方形，方向 114°，东西长 11.00、南北宽 4.70、残高 0.60 米。F4 为坐南朝北的砖石混筑结构，现残存三间房基，墙体与房顶全部残损，最西侧墙体为土坯。

根据清理发掘出土器物特征及房屋建筑特点，初步推测房屋西间与中间应与 Y1 同期，最东面为后期加盖（彩版二四，1）。

5. F5

位于窑址西部，西邻 F2。平面呈长方形，方向 92°。东西长 4.30、南北宽 3.50、墙体厚 0.40 米。F5 坐西朝东，西墙利用 F2 前墙，房顶已全部塌陷，仅残留南北两山墙，为长方砖错缝砌筑。

根据清理发掘出土器物特征及房屋建筑特点，初步推测房屋应为窑工用房，建筑年代为 20 世纪 50～60 年代。

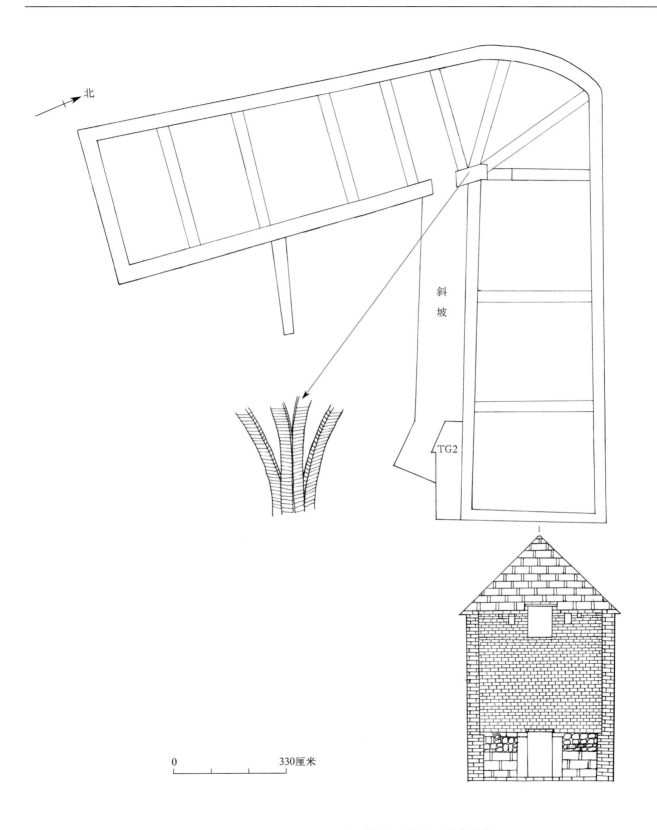

图一一 F2 平面结构及南山墙侧视图

6.F6

位于窑址中北部，C5西北部（图一二；彩版二四，2）。平面呈长方形，东西走向，方向112°，东西长15.80、南北宽4.20、残高0.40米，墙体厚0.50米。F6为砖石混筑结构，现残存墙基底部。F6被Q2打破，东部墙基用作C5的池壁，西部叠压于F2东侧南北向道路之下。

根据清理发掘出土器物特征及房屋建筑特点，初步推测房屋建筑年代为民国时期。

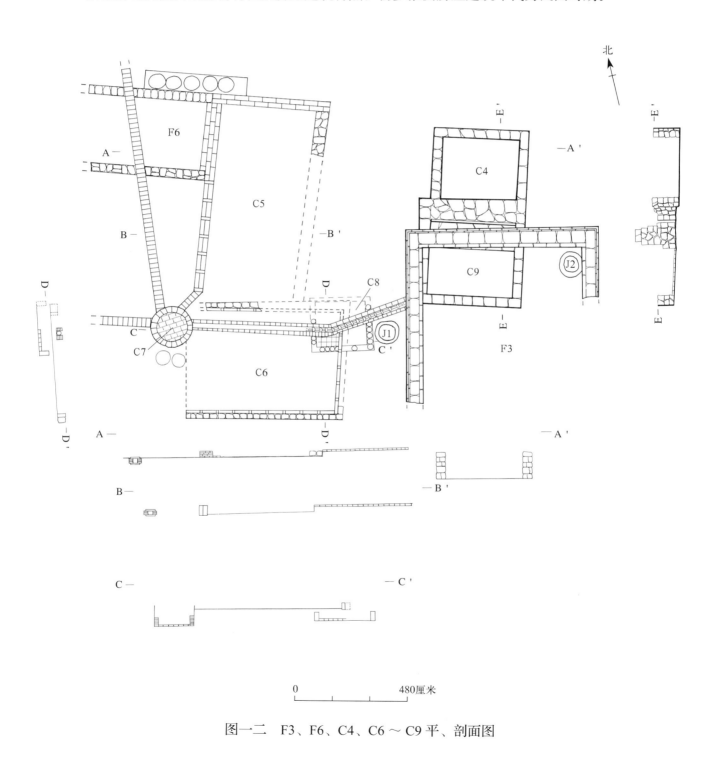

图一二　F3、F6、C4、C6～C9平、剖面图

三　石碾

清理石碾 2 盘。其中，一号石碾保存较完整，二号石碾现叠压于民房之下，形制不详。

1. 一号石碾

位于发掘区东南部，邻近 C1、C2 东南角（图一三；彩版二五，1、3）。由碾盘、碾饼组成。碾盘平面呈圆形，由青石条铺砌，近外围凿有一圈宽 0.50 米碾槽。上部分已被破坏，下部未解剖结构不明。碾盘直径约 6.30 米。碾盘之上现放置一"玉璧"状碾饼。外径 1.80、内径 0.37、厚 0.45 米。其应为研磨、加工瓷胎坯料的石碾。

2. 二号石碾

位于发掘区东部，大部分现叠压于路边民房之下，仅暴露石碾西部及北部部分区域（彩版二五，2）。形制、结构基本与一号石碾接近，未进行清理。

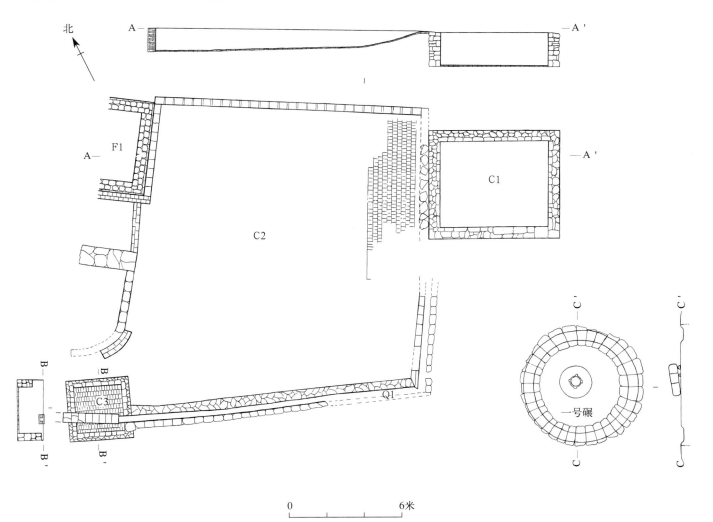

图一三　一号碾、C1、C2、C3、Q1 平、剖面图

四 泥浆池

在发掘过程中，发现此类池底部均残留质地纯净、颗粒均匀的淤泥，深度较其他池深。底部残留淤泥经检测并请教当时健在的老窑工，其为制作瓷胎的坯料，推断其性质为盛装、发酵坯料的泥浆池。本次发掘共清理4座泥浆池，结构各有差异，保存基本完整。

1. C1

位于窑址东北部，西邻C2，上面被扰动（图一三；彩版二六，1～3）。平面呈长方形，东西长5.70、南北宽4.70、深1.80米。池壁利用长方形条石砌筑，由下而上共7层，池壁厚约0.40米。池内填土可分三层（前期已经过清理，采访得知）。

第①层：灰色淤泥，夹杂大量煤渣、建筑垃圾、瓷片等。厚0.80米。

第②层：黄褐土，质地致密，包含少量植物根茎、陶瓷片等。厚0.50～0.70米。

第③层：黄色细砂土，质地细腻，土色纯正，基本无杂质。厚0.30～0.50米。

C1西邻C2，东、南两面连接Q1，应与Q1、C2和F1同期。

2. C4

位于窑址中东部，南邻C9（图一二；彩版二七，1）。平面呈长方形，东西长4.10、南北宽3.20、深1.45米。池壁利用长方形条石砌筑，四壁保存较差，上部石块多倒塌入池内，现存五层石筑池壁，厚0.50～0.60米。池内上部填土为煤渣，层次不明；底部保留黄色细黏土，未清理。

3. C8

位于窑址中南部，东邻J1，叠压于C6及Q3下，破坏较为严重（图一二；彩版二七，2）。平面近正方形，东西长2.70、南北宽2.50、深0.60米，池壁厚约0.30米。利用长方砖及匣钵混合砌筑，长方砖铺砌池底，匣钵垒砌四壁，匣钵之上砖砌。匣钵有整有残。池内填土为灰褐色淤土，堆积大量匣钵残件及瓷片。

4. C9

位于窑址东南部，北邻C4（图一二；彩版二八，1～3）。平面呈长方形，东西长4.50、南北宽4.00、深1.00米。池壁利用长方形条石砌筑，长方砖铺砌池底，厚0.50～0.60米。池壁部分叠压于F3房基下，口部被破坏。池底南高北低，池北壁与C4南壁相连，应与C4同时砌筑。池底东部保存有若干插入池底的木桩（为后期铺垫F3地面所用）。池内填土分两层：上部为黄褐色土，内含少量瓷片、匣钵和窑具。底部为黄色细黏土，质地纯净，保留未清理。

五 沉淀池

共清理3座，形状、结构各异，均保存较完整。

1．C3

位于发掘区中部，C2 西南角，其上叠压 Q1（图一三；彩版二九，1）。平面呈长方形，南北长 2.50、东西宽 2.45、深 1.20 米，池壁厚 0.40 米。条石砌筑池壁，池壁上部已被破坏，仅存下半部及池底。东、南壁保存相对较好，西北角破坏严重，仅残留两层石条。池底纵向错缝铺砖。池内堆积煤渣，夹杂大量现代建筑垃圾。从建筑结构来看，C3 原应与 Q1 相连，Q1 内排水流入 C3 内，经短暂沉淀后再继续排入窑址附近殷河内。后经向老窑工请教，证实其为加工坯料过程中收集流水中坯料的二次沉淀池。

2．C7

位于窑址西南部，C6 西北角，连接 Q3 与 C5（图一二；彩版三〇，1～3）。平面呈圆形，直径 1.60、深 0.95 米，距现地表 1.40 米。砖砌池壁，池壁上部已被破坏，仅存下半部及池底，残高 0.50 米。长方砖错缝铺砌池底。长方砖长 25、宽 20、厚 7 厘米。池内堆积分上下两层：上层以煤渣为主，下层为灰渣夹杂少量青黄色料泥。其性质经推断与 C3 一致。

3．C11

位于窑址中西部，C3 西侧，Q2 中部。平面呈圆形，直径 0.90、深 1.05 米。其结构不同于上述遗迹：其先掏挖一圆形坑，利用工业圆筒形容器作池体。容器一端折沿方唇，其上纵向砌筑两层平砖作池沿。一端平底，近底部一侧有圆形出水孔（彩版三一，3）。池内堆积均为灰褐色土，夹杂大量炉渣、缸片及窑具。根据 C11 建筑用料及池内出土器物初步判断为 20 世纪 70～80 年代。以其性质经推断为沉淀池。

六　晾泥池

此类池形制较为相似，面积相对较大，池壁较浅，底部铺砌规整。共清理 3 座，均保存较完整。另有一个池 C10 由于性质不明，附此后介绍。

1．C2

位于发掘区东北部，东接 C1，西北、西南连接 F1、C3（图一三；彩版三二、三三）。西壁部分被破坏。平面呈梯形。池壁由砖、石、匣钵混筑，用料、样式差别明显。西壁南段为砖、石、匣钵混筑；西壁中段以长方砖错缝垒砌；西壁北段及北壁均利用薄方砖横、竖交叠砌筑。西南角开辟一出口，出口北侧条砖砌筑边缘。池底呈东南高、西北低走势，东、南部池底与北池壁齐平。底部铺方砖，边长 27、厚 3.5 厘米。东、南壁外侧砌砖、石混筑水渠（Q1），西南连接 C3。池东西长 6.50、南北宽 6.00～7.00、最深处 1.20 米。结合窑工口述资料、特殊结构及其与 C1 位置关系，其主要作用为摊晒从 C1 内发酵完毕坯料的晾泥池，使坯料中水分得以快速蒸发，进而从西南角出口运入制作间内备用。

2．C5

位于发掘区西南部，南靠 C6，西北连接 F6（图一二；彩版三四，1、2）。平面呈长方形，南北长 10.70、东西宽 5.20、深 0.40 米。C5 东北部被现代坑打破，回填褐红色颗粒状黏土，中南部被一个三合土建筑打破，池西部较深，回填煤渣灰，层次不明。池壁利用砖石砌筑，保存较差，北壁、西壁残高 0.40 米，东壁南段、南壁缺失。池底铺地砖，大部分缺失，仅西部残留少量铺地砖。

3. C6

位于窑址中南部，北靠 C5，西北、东北依次连接 C7 和 C8（图一二；彩版二九，2）。平面呈长方形，东西长 8.10、南北宽 5.40、深 0.30 米。池壁保存较差，东壁、南壁残高 0.30 米，西壁缺失，北部叠压于 Q3 下。池底铺砖，大部分缺失，仅残存池西部小部分。池内填土均为疏松煤渣，粗细不均。C6 与 C5 垒砌方式相同，应属同期。Q3 叠压其之上，共同打破 C8。

C10

位于窑址西北部，南邻 F1 和 TG4，池壁被破坏（图一○；彩版三一，1、2）。平面呈长方形，东西长 2.50、南北宽 1.80、深 0.30 米。池壁由长方砖与匣钵混砌，南壁与 F1 北壁共用，东壁、北壁上砌砖下砌匣钵，西壁被晚期遗迹打破。池壁厚 0.32 米。池内填土为灰褐色土，内含大量炉渣，呈灰白色颗粒状。该池由于资料较少，其性质尚不明确。

七　料缸

料缸，缸内残留泥土经辨别为釉料，应为盛放釉料的器皿。此次发掘共清理料缸 24 口。其中 TG1 出土最多，为 11 口，TG2 出土 6 口，TG6 出土 5 口。另外，C7 南部、C6 西侧出土 2 口。

1. TG1 内料缸

①层下开口 4～9 号六个料缸，各缸底部均残留纯净釉料土（图五；彩版三五、三六）。4 号料缸直径 80.0、残高 70.0、壁厚 1.2 厘米。5 号料缸直径 74.0、残高 68.0、壁厚 1.1 厘米。6 号料缸直径 80.0、残高 61.0、壁厚 1.2 厘米，缸内清理出小瓷瓮及瓷管件。7 号和 8 号料缸直径均为 80.0、壁厚 1.1 厘米，7 号料缸内清理出完整瓷坛。9 号料缸直径 75.0、残高 40.0、壁厚 1.5 厘米。

③层下开口 1～3、10、11 号五个料缸，各缸底部均残留纯净釉料土。1 号料缸直径 54.0、残高 35.0、壁厚 1.0 厘米。2 号料缸直径 60.0、残高 25.0、壁厚 1.2 厘米。3 号料缸直径 70.0、残高 60.0、壁厚 1.2 厘米。10 号料缸残底径 40.0、残高 17.0、壁厚 0.9 厘米。11 号料缸直径 80.0、残高 60.0、壁厚 1.3 厘米。

根据各缸开口层位及打破关系，可分三期：

一期，1～3、10 号料缸，被 F1 打破，其年代应早于 F1 建筑年代；

二期，4～6、9、11 号料缸，其年代应与 F1 使用年代同期；

三期，7、8 号料缸，其年代应为 20 世纪 70 年代。

2. TG2 内料缸

清理出 6 口料缸，各缸上部包含瓷片、缸垫等，底部残留纯净釉料土（图六）。1～3 号料缸口沿残损，4、5 号料缸保存较为完整。1 号料缸直径 80.0 厘米，开口高于地表。2 号料缸直径 80.0 厘米，开口高于地表。3 号料缸直径 70.0 厘米，开口距地表 15.0 厘米。6 号料缸叠压于 2 号料缸底部，上口部为缸沿，下部砖砌，直径为 78.0 厘米，开口距地表 40.0 厘米。

根据各缸开口层位及打破关系，可分三期：

一期，3 号料缸，被 6 号料缸打破，其年代与 TG1 二期相同；

二期，4～6 号料缸，其年代与 TG1 三期同期；

三期，1、2 号料缸叠压于 6 号料缸之上，其年代应最晚。

3.TG6 内料缸

①层下清理出土 1～5 号共 5 口料缸，缸内均残留纯净釉料土（图九）。各缸直径均约 74.0 厘米。根据制缸用料及手法初步推断为 20 世纪 70 年代机制缸。

C6 西侧垫土内清理出 1、2 号两口料缸，口部均残损，其周围填土内出大量瓷片。

八　水井

共清理 2 口，均保存较完整，结构各异。

1.J1

位于发掘区中南部，紧邻 F3、Q3、C8（图一四；彩版三七，1～3）。井口呈圆形，口小底略大。井壁由砖、匣钵、石块、圆木砌筑而成。由上而下分 5 段：

第 1 段：深 1.10 米，采用方砖横向错缝砌筑。

第 2 段：深 1.00 米，利用匣钵、石块混砌。

第 3 段：深 1.40 米，条砖纵、横砌筑。

第 4 段：深 0.80 米，砖石混砌。

第 5 段：深 0.50 米，利用圆木交错叠砌，圆木直径 25～30 厘米。

井口直径 1.00、底径 1.20 米，清理至 4.80 米处，未及底，仅出土少量近、现代瓷片。

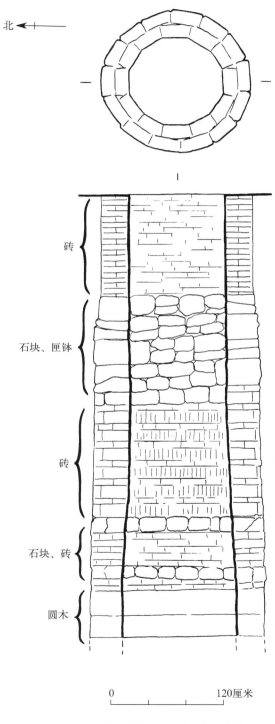

北

砖

石块、匣钵

砖

石块、砖

圆木

0 　　　　　　　　　120厘米

图一四　J1 平、剖面图

北 ←——

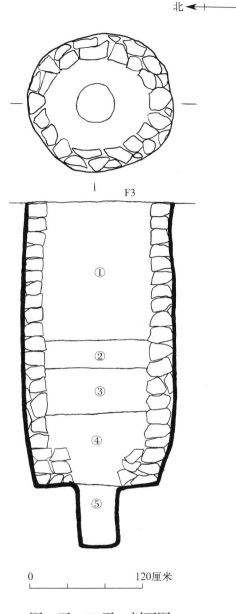

图一五　J2 平、剖面图

2. J2

位于发掘区中南部，叠压于 F3 下，相邻 F3、C4、C9（图一五）。整体呈椭圆形，井口被 F3 破坏，残口径 1.00～1.10、底径 0.82～0.90 米，清理深度 3.80 米。井壁均由石块砌筑而成，由下而上大致有 20 层，井口往下 2.70 米共 17 层，再往下砌筑三层大石块。石壁底部距井底有约 0.30 米淤泥层。井内填土可分为五层。

第①层：黄褐土，土质松软，较为纯净，层内包含物较少，仅有少量瓷片。厚 1.50 米。

第②层：灰褐土，土质松软，较潮湿，填土内包含少量瓷片。距井口 1.50～1.80、厚 0.30 米。

第③层：浅灰褐土，土质较黏，出土大量瓷器和陶器残片。距井口 1.80～2.30、厚 0.50 米。

第④层：灰褐土，土质较黏且湿，出土大量瓷器和陶器残片。距井口 2.30～3.10、厚 0.80 米。

第⑤层：青灰黏土，土质较纯且黏，出土少量瓷器残片。距井口 3.10～3.80、厚 0.70 米。

九　水渠

1. Q1

位于发掘区中东部，围绕 C2 东、南两面，往西其下叠压 C3，破坏严重（图一三；彩版三八，1）。其基本走向由 C2 东壁外侧开始，绕南壁折向西，叠压于 C3 之上。往西部分被破坏，从其走势看，应与 Q2 交叉汇合继续向西延伸至山前河沟。从建筑材料、方法推测其经过多次修补利用：东半段残长 5.25、宽 0.50 米，为不规整石块垒砌；南半段长 2.30、宽 0.50 米，利用条石修砌；近 C3 处利用长条砖垒砌，渠壁四层纵向平砌，底部横向平铺，顶部横向封盖。再往西部分被破坏，具体情况不详。

从结构上推测，Q1 近 C3 往西部分应为后期增补，此阶段 C3 已废弃停用，时代较晚。

2. Q3

位于窑址中南部，围绕 C5 西、南两面，与 C7 相连接（图四；彩版三八，2、3）。C6 北壁、C8 叠压于 Q3 之下，Q3 清理工作与 C5、C7 同时进行。经清理 Q3 从 C6 东北角开始，向西延伸至 C7 后，折向西北并打破 F6 后与 Q2 交叉，汇合向西延伸至山前河沟。东半段残长 12.00、宽 0.50 米，利用陶水管、水泥浆混合砌筑；北半段长 15.00、宽 0.50 米，利用长方砖垒砌；砖砌渠盖，底部横向

0　　　　　　　120厘米

铺砖，两侧纵向砌 4 层平砖。

根据 Q3 砌筑用料及方法初步推断年代为 20 世纪 60 ～ 70 年代。

一〇　窑炉

共发现 3 座，清理 2 座，其中，Y1、Y2 保存完好，皆为馒头窑。Y3 叠压于国道之下，结构不详。

1. Y1

位于发掘区西北部，窑门方向 112.7°（图一六、一七；彩版三九～四一）。由窑门、窑室、烟囱等部分组成，均于地表掏挖修筑，以砖、石混砌而成。窑门部分保存完好，条砖砌筑成内、外两重。

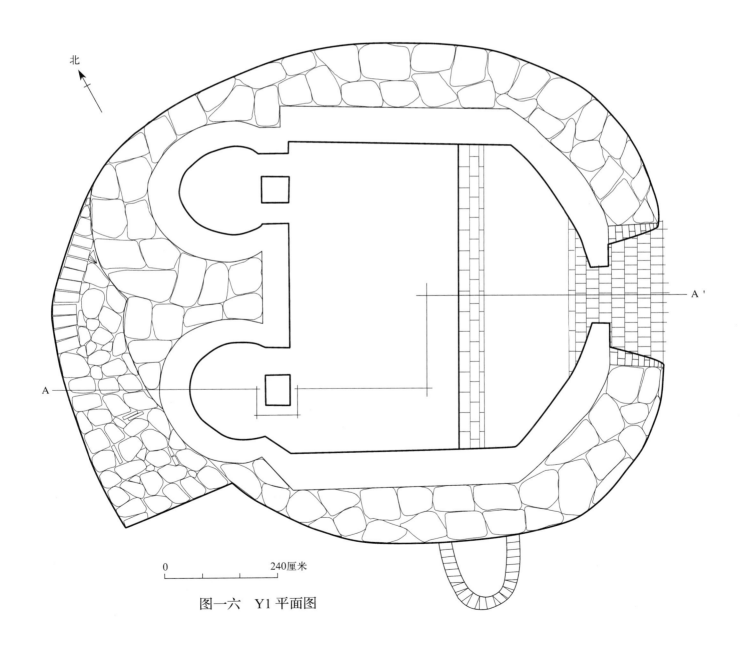

北

A ——————————————————————————————— A'

0　　　　　　　240厘米

图一六　Y1 平面图

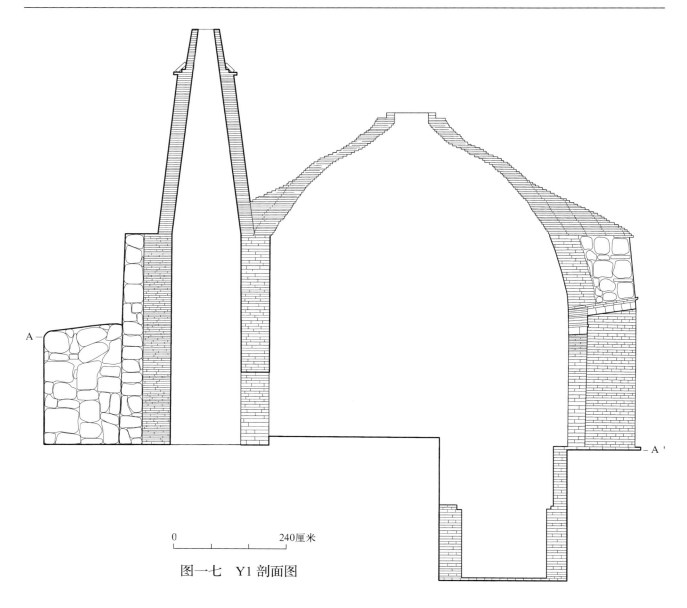

0　　　　　　　　240厘米

图一七　Y1 剖面图

外重厚度与窑体等宽，条砖错缝平砌成拱顶，高3.00米。其下空间较大，为窑工烧窑之际进行封窑门、看火、添加燃料等各项操作的空间，即操作间。内重内收，利用条砖纵向横砌成拱门。高2.48米。窑门外右侧紧贴窑壁，利用长方砖砌筑长10.00、宽4.00米房址，中间以砖墙间隔成三间，现仅存房基，应为窑工烧窑时临时居住场所。

窑室分前、后两部分。前半部分为火膛、落灰坑，呈半圆形。纵向宽2.54、深3.00米。前、后紧贴窑体，条砖砌筑矮墙，其上原应放置炉条，已被破坏。下部落灰坑内残存大量煤渣。底部西端连接一出口，贯通窑体伸出窑外，与外侧出灰口相连。未清理，结构不详。窑室内侧墙体利用长方形耐火砖垒砌而成。

窑室后半部为窑床，利用耐火泥垒筑而成。窑床长6.60、宽3.32米。窑床后部窑体左右两侧对称辟两拱形火口，各火口中间分别以一砖柱分隔为两部分。窑室顶部距窑床4.40米处，以小薄方砖横向错缝叠涩内收成穹窿顶，顶部中心留一圆孔。烟囱位于窑室正后方，左右两侧各一道，通过烟道与窑室后部两拱形火口相连。以长方砖横向垒砌成圆筒状。烟囱壁紧贴窑体部分较笔直，往上部分逐渐内收。内底径 1.50、高 9.10 米。烟囱后部窑体利用废弃建筑构件、匣钵等，依窑壁走势垒砌一斜坡踏道延伸至窑顶。

2．Y2

位于发掘区西南部，窑门方向 67°（图一八、一九；彩版四二、四三）。由窑门、窑室、烟囱等部分组成，均于地表掏挖修筑，以砖、石混砌而成。窑门部分保存完好，条砖砌筑成内、外两重。外重厚度与窑体等宽，条砖错缝平砌成拱顶，门洞宽 1.35、高 3.00 米。其下空间较大，为窑工烧窑之际进行封窑门、看火、添加燃料等各项操作的空间，即操作间。内重内收，利用条砖纵向横砌成拱门。高 2.40、进深 0.60 米。

窑室分前、后两部分。前半部分为火膛、落灰坑，呈半圆形。纵向宽 1.80、横向长 6.40、深 2.90 米。前、后紧贴窑体，条砖砌筑矮墙，其上原应放置炉条，已被破坏。下部落灰坑内残存大量煤渣。底部西端连接一出口，贯通窑体伸出窑外，与外侧出灰口相连。未清理，结构不详。窑室内侧墙体

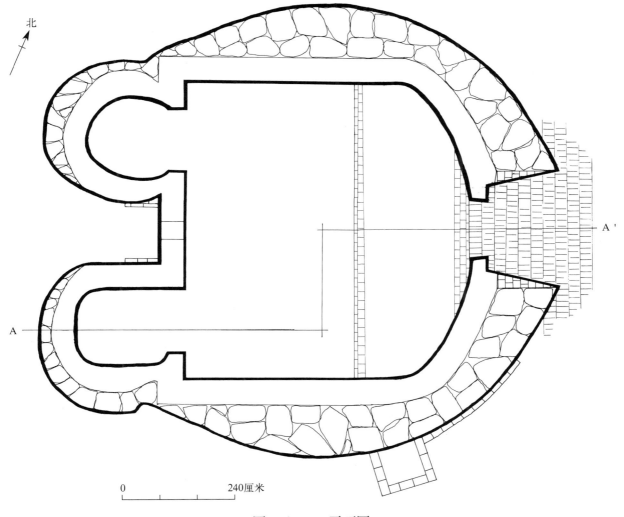

北

A —————————— A'

0　　　　　　240厘米

图一八　Y2 平面图

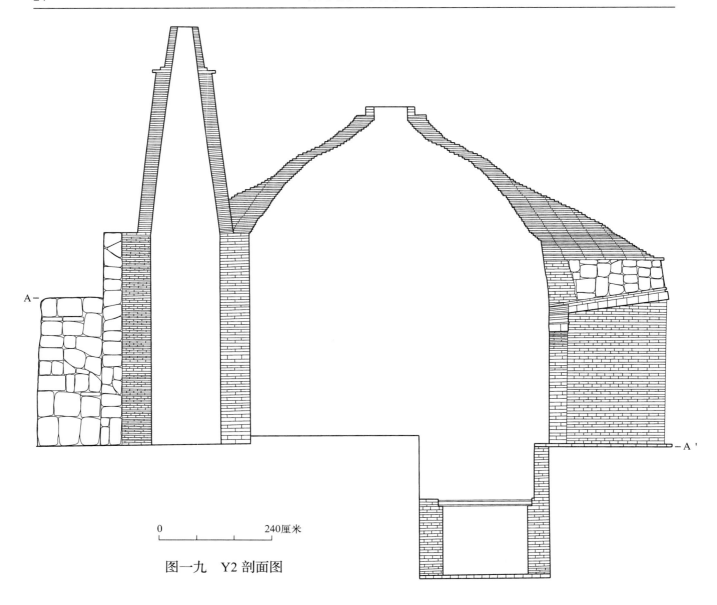

0　　　　　　240厘米

图一九　Y2 剖面图

利用长方形耐火砖垒砌而成。

　　窑室后半部为窑床，利用耐火泥垒筑而成。窑床长 6.60、宽 3.32 米。窑床后部窑体左右两侧对称辟两拱形火口。窑室顶部距窑床 4.40 米处，以小薄方砖横向错缝叠涩内收成穹窿顶，顶部中心留一圆孔。烟囱位于窑室正后方，左右两侧各一道，通过烟道与窑室后部两拱形火口相连。以长方砖横向垒砌，底部呈长方形，东西长 1.90、南北宽 1.60 米。往上收分呈圆筒状。烟囱壁紧贴窑体部分较笔直，往上部分逐渐内收。内底径 1.50、高 9.10 米。烟囱后部无踏道。Y2 与 F2 连接应为同期。

第三章 遗物

　　渭头河窑为一处民间窑场，其产品以日常生活用品为主。此次发掘获得完整和可复原器共 180 余件，其中大部分为瓷器，共 135 件，约占 74%，其次为窑具，共 46 件，占 26%。瓷器可分为生活用具和工业用具。其中，生活用具占出土瓷器 97%，器形包括碗、杯、盅、碟、钵、壶、瓶、罐、坛、盆、器盖、缸、架、暖婆婆、桌椅、绣墩和虎子等，基本涵盖日常生活中各类器物。

一　生活用具

　　碗数量最多，共 62 件，占总数 46%，其次为罐，共 25 件，占总数 19%。

（一）碗

　　62 件。包括白瓷、青白瓷、黑釉、酱釉、青花五类。其中，白瓷 6 件，占 9.68%，青白瓷 1 件，占 1.61%，黑釉瓷 22 件，占 35.48%，酱釉瓷 31 件，占 50%，青花釉瓷 2 件，占 3.23%。

1. 白瓷碗

6 件。根据物腹部差异分三型。

A 型　3 件。弧腹，根据足差异分两亚型。

Aa 型　1 件。圈足，外底心外凸。

2013ZWC7：6，敞口，圆唇微撇。口径 11.2、底径 5.6、高 2.2、壁厚 0.2～0.4 厘米（图二〇，1；彩版四四，1、2）。

Ab 型　2 件。圈足外撇，足跟外削。

2013ZWJ2：7，敞口微敛，圆唇，弧腹，圈足外撇，足跟外削。口径 15.4、底径 5.4、高 5.8、壁厚 0.35～0.7 厘米（图二〇，2）。

2013ZWF3：10，口部残。内、外壁满釉。底径 5.0、残高 1.2、壁厚 0.3～0.5 厘米（图二〇，3；彩版四四，3）。

B 型　2 件。折腹。

2013ZWTG6：6，口部残，外底心外凸，圈足外撇，足跟外削。底径 6.8、残高 2.4、壁厚 0.35～0.55 厘米（图二〇，4）。

2013ZWF3：41，口部残，圈足外撇，足跟外削。底径 5.8、残高 2.0、壁厚 0.2～0.4 厘米（图二〇，5；彩版四四，4）。

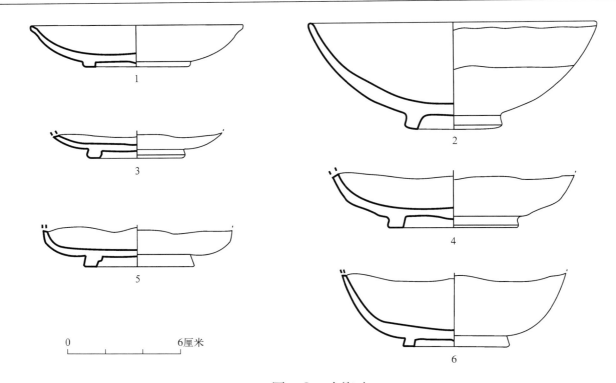

0　　　　　　6厘米

图二〇　白瓷碗

1.Aa型2013ZWC7：6　2、3.Ab型2013ZWJ2：7、2013ZWF3：10　4、5.B型2013ZWTG6：6、2013ZWF3：41　6.C型2013ZWF3：11

C 型　1 件。垂腹。

2013ZWF3：11，口部残，圈足外撇。底径 5.6、残高 4.0、壁厚 0.2 ～ 0.6 厘米（图二〇，6；彩版四四，5）。

2. 青白瓷碗

1 件。

2013ZWC7：1，敞口，圆唇，弧腹，圈足，削足过肩。口径 9.0、底径 3.2、高 3.8、壁厚 0.2 ～ 0.6 厘米（图二一；彩版四四，6）。

3. 黑釉碗

22 件。根据腹部差异分五型。

A 型　11 件。弧腹。根据器足的差异分三亚型。

Aa 型　1 件。假圈足。

2013ZWF3：22，口残，足跟外削。底径 5.2、残高 2.0、壁厚 0.2 ～ 0.4 厘米（图二二，1；彩版四五，1）。

Ab 型　1 件。圈足内敛，外底心外凸。

2013ZWC4：1，内、外壁均施半釉。底径 5.8、残高 3.0、壁厚 0.2 ～ 0.7 厘米（图二二，2；彩版四五，2、3）。

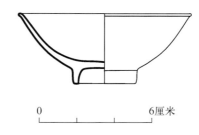

0　　　　　　6厘米

图二一　青白瓷碗 2013ZWC7：1

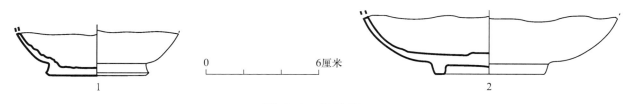

图二二 黑釉碗

1.Aa型2013ZWF3：22 2.Ab型2013ZWC4：1

Ac型 9件。圈足，外底心外凸。

2013ZWF1：12，口部残，碗内底有涩圈。底径6.6、残高3.8、壁厚0.25～0.65厘米（图二三，1）。

2013ZWTG6：1，2件叠烧，口部残，碗内底有涩圈。底径5.4、残高3.5、壁厚0.3～0.6厘米（图二三，2）。

2013ZWC7：7，口部残，碗内底有涩圈。底径5.6、残高2.6、壁厚0.3～0.6厘米（图二三，3）。

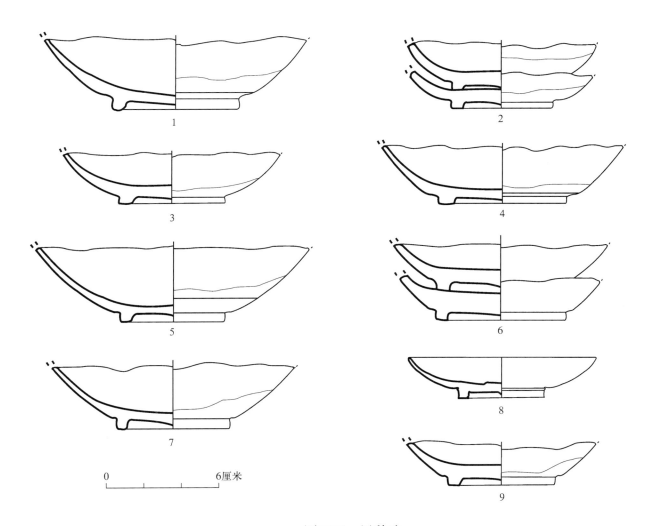

图二三 黑釉碗

1～9.Ac型2013ZWF1：12、2013ZWTG6：1、2013ZWC7：7、2013ZWC10：4、2013ZWC7：46、2013ZWF1：1、2013ZWF1：2、2013ZW采：35、2013ZWTG1：20

2013ZWC10：4，口部残，碗内底有涩圈。底径6.8、残高3.1、壁厚0.2～0.6厘米（图二三，4）。

2013ZWC7：46，口部残，内底有涩圈。底径5.5、残高3.8、壁厚0.2～0.6厘米（图二三，5；彩版四五，4）。

2013ZWF1：1，2件叠烧，口部残，弧腹，碗内底有涩圈，外底心外凸。底径6.8、残高4.0、壁厚0.4～0.7厘米（图二三，6）。

2013ZWF1：2，口部残，弧腹，碗内底有涩圈。底径6.0、残高3.5、壁厚0.4～0.65厘米（图二三，7）。

2013ZW采：35，敞口，弧腹。内、外均施半釉。口径10.4、底径4.6、高2.2、壁厚0.2～0.6厘米（图二三，8；彩版四五，5、6）。

2013ZWTG1：20，口部残，弧腹，碗内底涩圈。底径5.7、残高2.4、壁厚0.3～0.7厘米（图二三，9）。

B型　8件。垂腹。根据器足差异分三亚型。

Ba型　2件。矮圈足。

2013ZW采：120，侈口，圆唇。口径16.1、底径5.4、高5.2、壁厚0.3～0.5厘米（图二四，1；彩版四六，1）。

2013ZW采：121，敛口，圆唇。口径7.2、底径3.2、高3.4、壁厚0.4～0.6厘米（图二四，2）。

Bb型　2件。圈足，足跟外削，外底心外凸。

2013ZW东侧西屋后：1，口部残。内、外壁均施半釉。底径6.2、残高3.5、壁厚0.2～0.6厘米（图二四，3）。

2013ZWY2：2，口部残，足外撇。底径5.8、残高2.0、壁厚0.5～0.6厘米（图二四，4；彩版四六，2）。

Bc型　4件。圈足，外底心外凸。

2013ZWC6：22，2件叠烧，口部残。外壁施半釉。底径4.2、残高3.0、壁厚0.4～0.5厘米（图二五，1）。

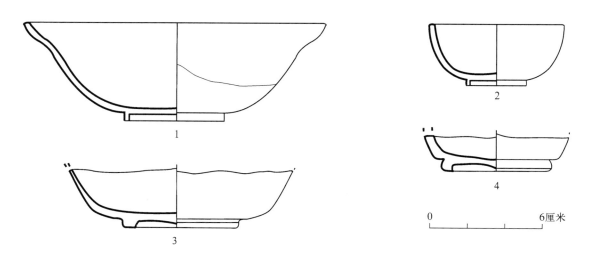

图二四　黑釉碗

1、2.Ba型2013ZW采：120、2013ZW采：121　3、4.Bb型2013ZW东侧西屋后：1、2013ZWY2：2

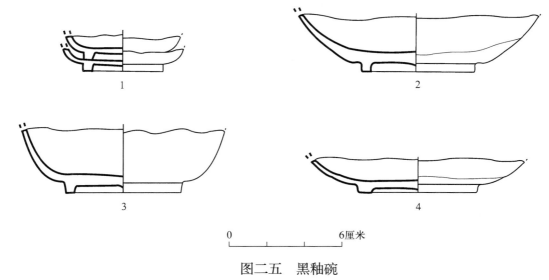

图二五 黑釉碗

1～4.Bc型2013ZWC6：22、2013ZWF1：9、2013ZWC2：2、2013ZWF6：9

2013ZWF1：9，口部残，碗内底有涩圈。内、外施半釉。底径6.0、残高3.2、壁厚0.25～0.65厘米（图二五，2；彩版四六，3、4）。

2013ZWC2：2，口部残，斜直腹。内、外壁均施半釉。底径6.2、残高3.5、壁厚0.3～0.6厘米（图二五，3；彩版四六，5）。

2013ZWF6：9，口部残，碗内底有涩圈。底径6.3、残高1.8、壁厚0.2～0.4厘米（图二五，4）。

C型 1件。折腹。

2013ZWF6：1，口部残，碗内底有涩圈，外底心外凸，圈足。底径5.5、残高3.0、壁厚0.2～0.6厘米（图二六，1）。

D型 2件。腹部有凸棱。

2013ZWF6：19，口部残，碗内底有涩圈，外底心外凸，圈足。底径5.8、残高2.5、壁厚0.2～0.6厘米（图二六，2）。

2013ZW东侧西屋：9，口部残，外底心外凸，圈足。内、外壁部分均施釉。底径6.0、残高5.0、壁厚0.3～0.6厘米（图二六，3；彩版四六，6）。

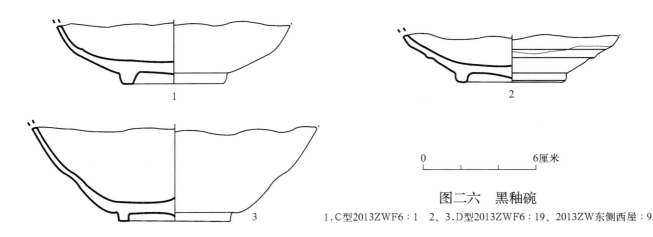

图二六 黑釉碗

1.C型2013ZWF6：1 2、3.D型2013ZWF6：19、2013ZW东侧西屋：9

4. 酱釉碗

31 件。根据腹部的差异分五型。

A 型　13 件。弧腹，根据器足差异分六亚型。

Aa 型　1 件。圈足，足跟外削，外底部凸起。

2013ZW 采：36，口部残。内、外壁部分施釉。底径 5.2、残高 2.5、壁厚 0.4 ～ 0.5 厘米（图二七，1）。

Ab 型　2 件。矮圈足。

2013ZWY2：3，口部残，弧腹。内、外壁部分施釉。底径 6.4、残高 5.0、壁厚 0.4 ～ 0.6 厘米（图二七，2）。

2013ZW 采：122，敞口，圆唇，垂腹。口径 16.5、底径 6.3、高 5.9、壁厚 0.3 ～ 0.5 厘米（图二七，3；彩版四七，1、2）。

Ac 型　1 件。圈足，足跟外撇。

2013ZW 采：76，口部残，弧腹，外底心外凸。底径 5.6、残高 4.0、壁厚 0.2 ～ 0.4 厘米（图二七，4）。

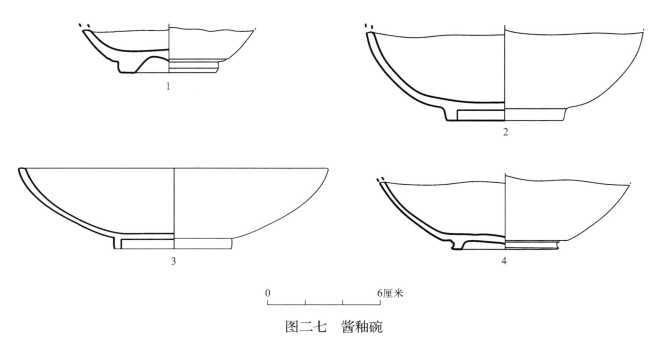

图二七　酱釉碗

1. Aa型2013ZW采：36　2、3. Ab型2013ZWY2：3、2013ZW采：122　4. Ac型2013ZW采：76

Ad 型　2 件。足外撇，足跟外削。

2013ZW 东侧西屋后：7，口部残。内、外壁施满釉。底径 4.8、残高 2.5、壁厚 0.2 ～ 0.6 厘米（图二八，1；彩版四七，3）。

2013ZW 采：77，内、外壁施半釉。底径 5.2、残高 2.5、壁厚 0.2 ～ 0.4 厘米（图二八，2）。

Ae 型　5 件。圈足，外底心外凸。

2013ZWC7：8，口部残，方足跟。底径 10.0、残高 3.4、壁厚 0.45 ～ 0.8 厘米（图二八，3）。

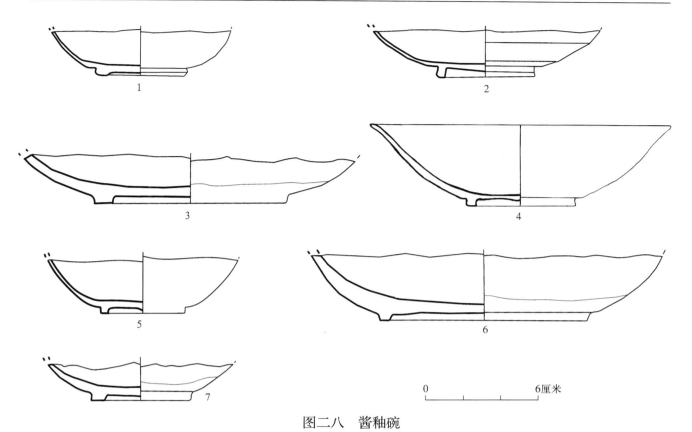

图二八　酱釉碗

1、2.Ad型2013ZW东侧西屋后：7、2013ZW采：77　3～7.Ae型2013ZWC7：8、2013ZWC7：44、2013ZW东侧西屋后：8、2013ZWF6：20、2013ZWC6：14

2013ZWC7：44，敞口，圆唇。口径16.0、底径5.8、高4.5、壁厚0.4～0.6厘米（图二八，4）。

2013ZW东侧西屋后：8，口部残。内、外壁部分施釉。底径4.4、残高3.0、壁厚0.1～0.3厘米（图二八，5）。

2013ZWF6：20，口部残，碗内底有涩圈。内施黑釉，外施酱釉。底径11.0、残高3.5、壁厚0.4～0.8厘米（图二八，6）。

2013ZWC6：14，口部残，碗内底有涩圈。内、外壁部分施釉。底径5.4、残高2.0、壁厚0.2～0.5厘米（图二八，7）。

Af型　3件。圈足，足跟外削。

2013ZWC7：16，口部残，外底心外凸。底径5.8、残高3.6、壁厚0.4～0.7厘米（图二九，1）。

2013ZW东侧西屋后：3，口部残。底径5.0、残高2.0、壁厚0.3～0.6厘米（图二九，2；彩版四七，4）。

2013ZWTG6：5，口部残，外底中心外凸。内壁无釉，外壁流釉。底径6.0、残高4.7、壁厚0.4～1.3厘米（图二九，3）。

B型　5件。折腹，根据足差异分两亚型。

Ba型　4件。圈足外撇，足跟外削。

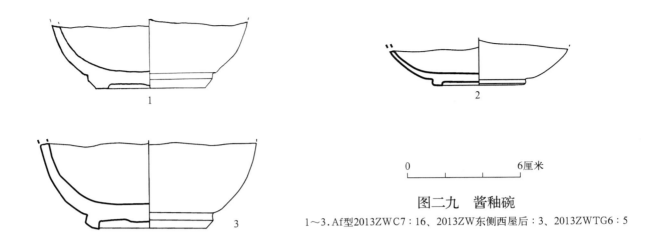

图二九　酱釉碗

1～3.Af型2013ZWC7：16、2013ZW东侧西屋后：3、2013ZWTG6：5

　　2013ZWF3：8，敞口，尖唇。外壁施釉不及底。口径10.4、底径4.8、高2.0、壁厚0.2～0.5厘米（图三〇，1）。

　　2013ZWF3：3，口部残。底径5.4、残高2.1、壁厚0.3～0.6厘米（图三〇，2）。

　　2013ZWF3：28，敞口，圆唇。口径11.0、底径4.8、高2.5、壁厚0.2～0.5厘米（图三〇，3）。

　　2013ZW采：111，口部残。外壁施釉不及底。底径6.0、残高3.0、壁厚0.2～0.5厘米（图三〇，4）。

　　Bb型　1件。圈足，挖足过肩。

　　2013ZWF3：2，口部残。底径3.8、残高3.5、壁厚0.3～0.6厘米（图三〇，5；彩版四七，5）。

　　C型　3件。垂腹，根据足的差异分两个亚型。

　　Ca型　1件。圈足外撇，足跟外削，外底心外凸。

　　2013ZWC6：20，底径4.4、残高3.0、壁厚0.5～1.2厘米（图三一，1）。

　　Cb型　2件。圈足。

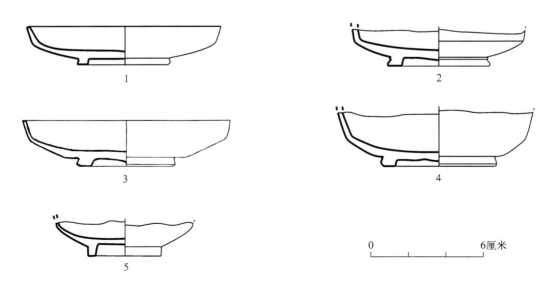

图三〇　酱釉碗

1～4.Ba型2013ZWF3：8、2013ZWF3：3、2013ZWF3：28、2013ZW采：111　5.Bb型2013ZWF3：2

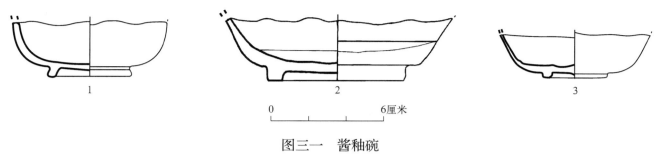

图三一　酱釉碗

1.Ca型2013ZWC6：20　2、3.Cb型2013ZWF1：10、2013ZW采：113

2013ZWF1：10，口部残，碗内底有涩圈，外底斜削。外壁施釉至下腹部。底径7.2、残高3.2、壁厚0.25～0.65厘米（图三一，2）。

2013ZW采：113，口部残，垂腹。底径3.2、残高2.4、壁厚0.3～0.8厘米（图三一，3；彩版四七，6）。

D型　10件。斜直腹，根据足差异分四亚型。

Da型　1件。圈足内敛。

2013ZWC10：5，口部残，内壁素面。底径6.2、残高2.3、壁厚0.5～0.7厘米（图三二，1）。

Db型　4件。圈足外撇，足跟外削。

2013ZW采：15，敞口，尖唇，斜直腹，底部凹凸不平。口径15.0、底径6.0、高5.0、壁厚0.2～0.6厘米（图三二，2；彩版四八，1）。

2013ZW采：16，敞口，方唇，斜直腹。口径7.0、底径2.9、高2.4、壁厚0.3～0.7厘米（图三二，3；彩版四八，2、3）。

2013ZW采：82，口部残。内、外壁满釉。底径8.6、残高4.8、壁厚0.3～0.7厘米（图三二，4）。

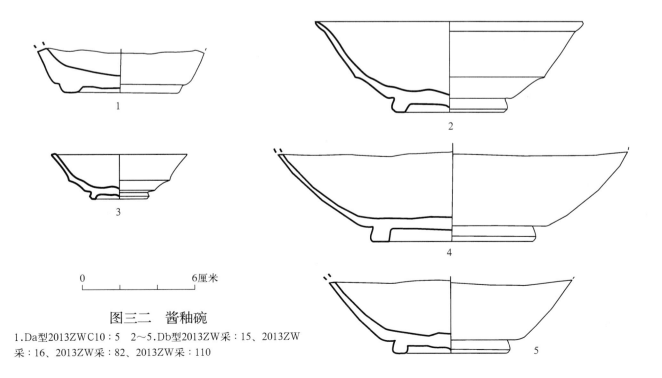

图三二　酱釉碗

1.Da型2013ZWC10：5　2～5.Db型2013ZW采：15、2013ZW采：16、2013ZW采：82、2013ZW采：110

2013ZW 采：110，口部残，底部凸起。底径 6.0、残高 4.0、壁厚 0.3 ～ 0.8 厘米（图三二，5）。

Dc 型　3 件。圈足。

2013ZWC10：22，敞口，圆唇，碗内底有涩圈，外底心外凸，圈足。外壁施釉不及底。口径 16.4、底径 6.4、高 5.0、壁厚 0.2 ～ 0.7 厘米（图三三，1）。

2013ZWC10：1，敞口，圆唇。内、外壁施满釉。口径 12.8、底径 5.7、高 2.8、壁厚 0.2 ～ 0.5 厘米（图三三，2）。

2013ZWTG1：6，两件碗叠烧。敞口，圆唇，碗内底有涩圈，外底心外凸。口径 16.9、底径 6.7、高 6.3、壁厚 0.5 ～ 0.9 厘米（图三三，3）。

Dd 型　2 件。圈足，足跟外削。

2013ZWC10：6，内壁无釉，外壁施半釉。底径 6.3、残高 2.4、壁厚 0.4 ～ 0.7 厘米（图三三，4）。

2013ZWJ1：9，敞口，尖唇，外底心外凸。外壁施半釉。口径 8.0、底径 3.1、高 2.4、壁厚 0.3 ～ 0.7 厘米（图三三，5；彩版四八，4、5）。

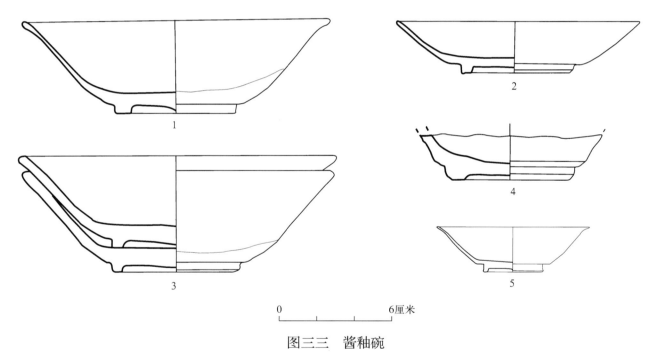

图三三　酱釉碗

1～3.Dc型2013ZWC10：22、2013ZWC10：1、2013ZWTG1：6　4、5.Dd型2013ZWC10：6、2013ZWJ1：9

5. 青花碗

2 件。根据腹部差异可分两型。

A 型　1 件。垂腹。

2013ZW 采：119，口部残，圈足，足内敛。器表装饰简单草叶纹。底径 5.2、残高 4.0、壁厚 0.3 ～ 0.6 厘米（图三四，1）。

B 型　1 件。弧腹。

2013ZWTG1：10，口部残，碗内底有涩圈，圈足，足跟外削。青花装饰简单线条。底径 7.0、残高 3.0、壁厚 0.3 ～ 0.7 厘米（图三四，2）。

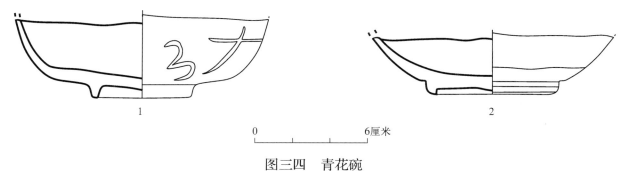

图三四 青花碗

1.A型2013ZW采：119　2.B型2013ZWTG1：10

（二）杯

白瓷杯

1件。

2013ZW采：63，口部残，直壁，圈足外撇，足跟外削。器壁施满釉。底径5.8、残高3.2、壁厚0.3～0.8厘米（图三五）。

（三）盅

7件。包括白瓷盅、黑釉盅和酱釉盅三类。

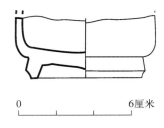

图三五　白瓷杯 2013ZW采：63

1. 白瓷盅

3件。根据唇、腹的差异分两型。

A型　2件。尖唇，垂腹。

2013ZWTG1：13，敞口微敛，圈足。内、外施满釉。口径4.8、底径2.3、高2.6、壁厚0.2～0.3厘米（图三六，1）。

2013ZW采：137，敞口微敛，圈足，足跟斜削。口径4.5、底径2.2、高2.65、壁厚0.15～0.45厘米（图三六，2）。

B型　1件。圆唇，斜直腹。

2013ZW采：9，敞口，内底部凸起，圈足。口径3.8、底径1.4、高2.2、壁厚0.2～0.4厘米（图三六，3；彩版四九，1、2）。

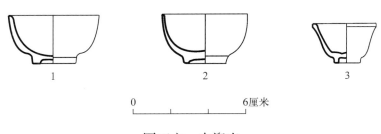

图三六　白瓷盅

1、2.A型2013ZWTG1：13、2013ZW采：137　3.B型2013ZW采：9

2. 黑釉盅

2件，根据唇、腹的差异可以分为两型。

A型　1件。方唇，垂腹，外底心外凸。

2013ZW 东侧西屋后：10，直口微敛，外底心外凸，圈足，足跟外削。口径 7.0、底径 4.0、高 2.9、壁厚 0.4～0.6 厘米（图三七，1）。

B型　1件。圆唇，弧腹。

2013ZWC10：24，敞口，外底心外凸，圈足，足跟外削。口径 7.5、底径 4.6、高 2.4、壁厚 0.3～0.6 厘米（图三七，2）。

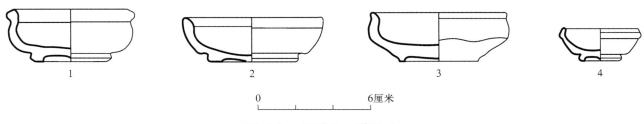

图三七　黑釉盅、酱釉盅

1.A型黑釉盅2013ZW东侧西屋后：10　2.B型黑釉盅2013ZWC10：24　3.A型酱釉盅2013ZW采：89　4.B型酱釉盅2013ZW采：41

3. 酱釉盅

2件。根据口沿差异可分为两型。

A型　1件。侈口。

2013ZW 采：89，圆唇，卷沿，折腹，圈足。内底施黑釉，外壁施釉不及底。口径 7.3、腹径 7.5、底径 4.1、高 2.7、壁厚 0.4～1 厘米（图三七，3；彩版四九，3、4）。

B型　1件。敛口。

2013ZW 采：41，敛口，圆唇，腹部斜内收，外底心凸起，圈足。内壁施满釉，外壁部分施釉。口径 4.0、底径 2.1、高 1.8、壁厚 0.4～0.9 厘米（图三七，4；彩版四九，5）。

（四）钵

4件。均为酱釉。根据口沿和底部差异分三型。

A型　1件。敞口。

2013ZWC10：23，底残，圆唇，卷沿，束颈，斜直腹。口径 14.4、残高 5.4、壁厚 0.35～0.55 厘米（图三八，1）。

B型　2件。敛口。

2013ZWC6：31，底残，圆唇，弧腹。口径 13.8、残高 4.4、壁厚 1.0～1.3 厘米（图三八，2）。

2013ZWTG1：8，底残，圆唇，束颈，弧腹。口径 10.8、残高 5.2、壁厚 0.4～1.2 厘米（图三八，3）。

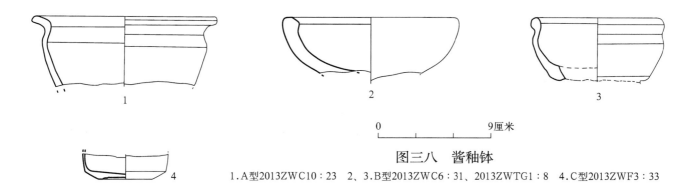

图三八　酱釉钵

1.A型2013ZWC10：23　2、3.B型2013ZWC6：31、2013ZWTG1：8　4.C型2013ZWF3：33

C型　1件。直口。

2013ZWF3：33，口部残，底部斜收，平底内凹。底径4.2、残高4.0、壁厚0.3～0.8厘米（图三八，4；彩版四九，6）。

（五）碟

2件。分为酱釉碟和青花碟两类。

1. 青花碟

1件。

2013ZW采：1，敞口，圆唇，弧腹，圈足，足跟外削。内壁绘有花纹。口径16.0、底径6.2、高2.0、壁厚0.3～0.7厘米（图三九，1；彩版五〇，1、2）。

2. 酱釉碟

1件。

2013ZW采：115，敞口，圆唇，垂腹，外底心外凸，圈足。口径5.5、底径2.5、高0.8、壁厚0.2～0.3厘米（图三九，2）。

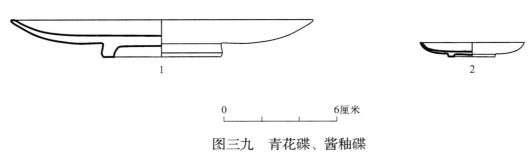

图三九　青花碟、酱釉碟

1.青花碟2013ZW采：1　2.酱釉碟2013ZW采：115

（六）壶

3 件。均为酱釉。根据口、颈部差异分两型。

A 型　2 件。直口，短颈。

2013ZW 采：138，方唇，斜折肩，短直流，鼓腹，下腹内收，平底。口沿下方贴塑四桥形耳，其中一耳与流连接，下腹部堆塑另一器耳。肩部饰两组连枝花草纹，上下各饰一道凸棱。内施满釉，外壁施釉至肩部。口径 14.6、底径 12.7、高 18.5、壁厚 0.5～1.4 厘米（图四〇，1；彩版五〇，3、4）。

2013ZW 采：139，丰肩，短直流，近直壁，下腹微斜收，平底。肩部捏塑四器耳，流与肩部连接处捏塑纵向器耳，与流对称一侧横向捏塑一桥形耳，两侧各捏塑一纵向器耳。施满釉。口径 10.4、腹径 25.6、底径 17.6、高 20.4、壁厚 0.5～0.8 厘米（图四〇，2）。

B 型　1 件。敞口，束颈。

2018ZW 采：11，圆唇，溜肩，鼓腹，假圈足。颈部饰一道凸棱，肩部饰四道凸棱，肩及上腹部对称贴塑"福水长流"四字，"水"与"长"之间有一曲流，"流"与"福"之间的把手缺失。腹中部饰三道凸棱。口径 8.4、腹径 24.4、底径 12.8、高 22.2、壁厚 0.6～0.9 厘米（图四〇，3；彩版五〇，5、6）。

（七）瓶

2 件。蓝釉瓶和酱釉瓶各 1 件。

1. 蓝釉瓶

2018ZW 采：18，敞口，圆唇，折沿，溜肩，斜直腹，平底。主体部分堆塑孔雀花卉纹饰。通体施釉。口径 29.0、底径 24.5、高 114.0、壁厚 2.0 厘米（图四一，1；彩版五一，1）。

2. 酱釉瓶

2018ZW 采：19，敞口，圆唇，竖颈，溜肩，斜直腹，瓶身底足外撇，平底。颈下部至肩部饰一圈云纹，下饰龙凤对舞，龙凤身下各饰一团牡丹图案，下饰一圈莲瓣纹。口径 29.0、上腹径 39.0、下腹径 26.0、底径 32.0、高 113.5、壁厚 2.0 厘米（图四一，2；彩版五一，2）。

（八）罐

共 25 件。渭头河窑产品中数量仅次于碗的器类，有白瓷罐、黑釉罐、酱釉罐三类。

1. 白瓷罐

2 件。

2013ZWJ2：4，敛口，圆唇，斜肩，鼓腹，圈足，足外撇。颈部附对称桥形耳。内壁满釉，外

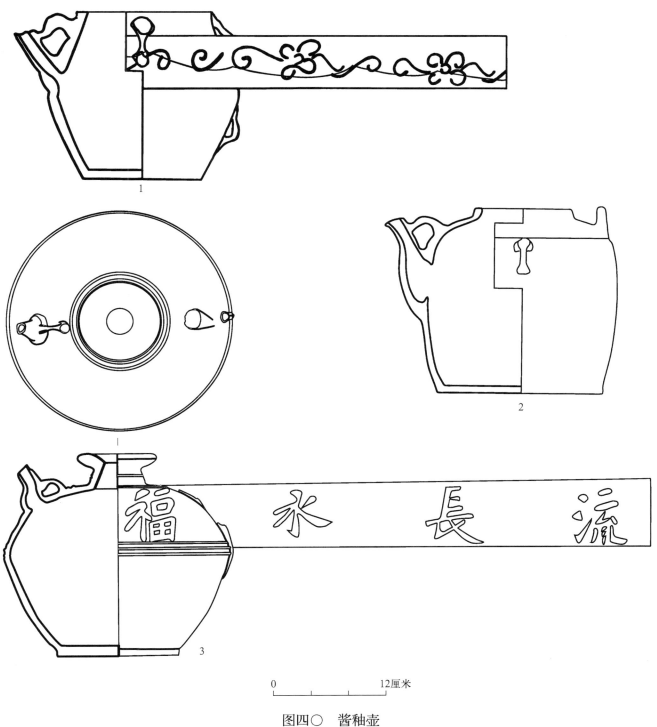

0   12厘米

图四〇 酱釉壶

1、2.A型2013ZW采：138、2013ZW采：139 3.B型2018ZW采：11

壁下腹不施釉。口径17.6、底径11.6、高19.0、壁厚0.5～0.9厘米（图四二，1；彩版五一，3）。

2013ZWJ2：3，敛口，圆唇，斜肩，鼓腹，圈足，足外撇，足跟外削。颈部附对称桥形耳。内壁满釉，外壁下腹不施釉。口径16.6、底径12.3、高18.0、壁厚0.5～0.8厘米（图四二，2）。

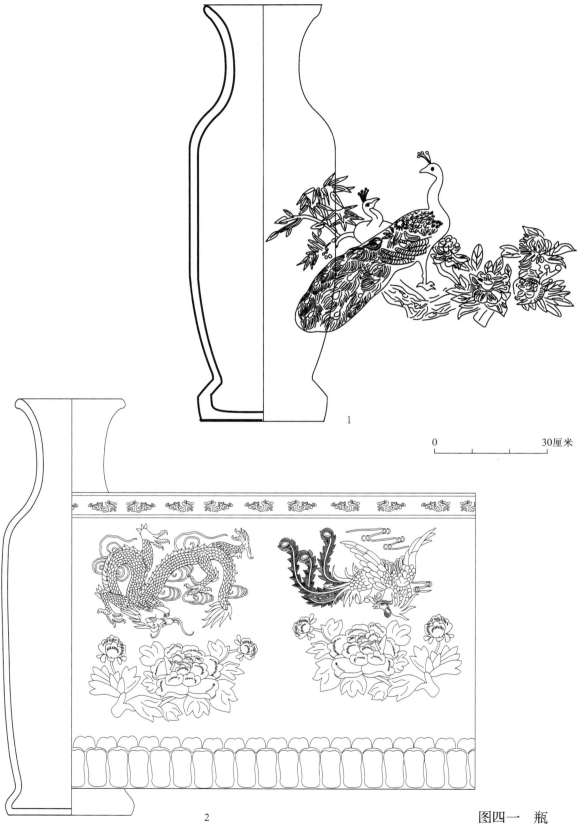

0   30厘米

图四一　瓶

1. 蓝釉瓶2018ZW采：18　2. 酱釉瓶2018ZW采：19

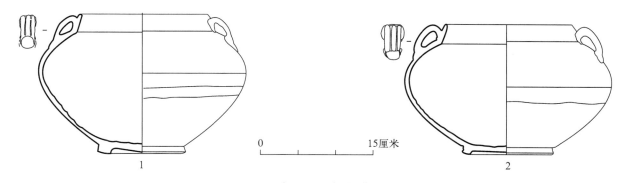

图四二　白瓷罐

1、2.2013ZWJ2：4、2013ZWJ2：3

2. 黑釉罐

5件。根据底、足的差异分两型。

A型　2件。平底。

2013ZW采：132，敛口，坡沿，尖圆唇，束颈，颈部加厚内敛，溜肩，鼓腹，下腹部斜收。上腹部饰有五道距离不等的凸棱纹。颈部和肩部结合处形成转折，其下饰两道凸棱，凸棱之间饰一周六瓣花卉，其下饰三组分别为竹节、芭蕉扇、葫芦绶带纹。仅足跟、外底心部位不施釉，戳印"寿"字纹。口径22.8、腹径33.6、底径17.6、高27.4、壁厚0.9～2.9厘米（图四三，1；彩版五一，4）。

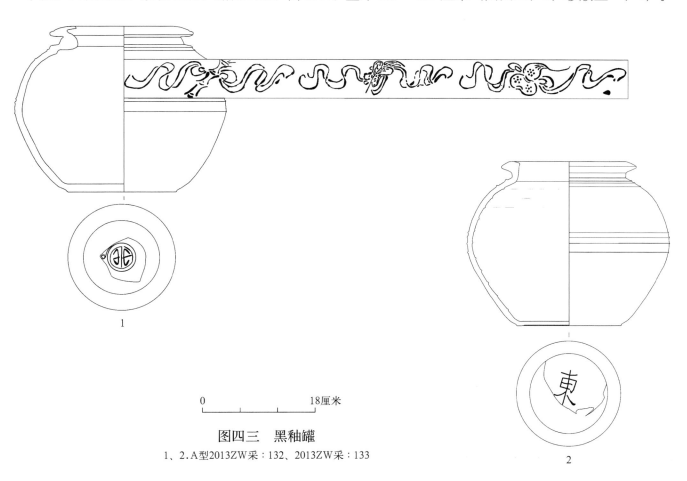

图四三　黑釉罐

1、2.A型2013ZW采：132、2013ZW采：133

2013ZW 采：133，敛口，厚圆唇，短束颈，溜肩，鼓腹。颈部饰两道凸棱纹，腹中部饰四道凸棱纹，外底部足跟部位不施釉。罐外底中部戳印一"東"字。口径 21.6、腹径 32.8、底径 17.0、高 26.8、壁厚 0.7～2.8 厘米（图四三，2）。

B 型　3 件。圈足。根据器物形制差异分两亚型。

Ba 型　2 件。四系。

2013ZW 采：134，敛口，方唇，溜肩，鼓腹，最大腹径位于中部。口沿下堆塑四个桥形耳，两个器耳残留两对称铁环。肩部有一道凸棱，腹部有两道凸棱。内壁施满釉，外壁施半釉。口径 13.2、腹径 17.0、底径 11.0、高 17.6、壁厚 0.5～1.4 厘米（图四四，1；彩版五一，5）。

2013ZW 采：135，敞口，圆唇，短颈，溜肩，鼓腹，外底心外凸。颈及上腹部相连处堆塑四个桥形耳。口径 4.2、底径 7.2、高 19.8、壁厚 0.4～1.2 厘米（图四四，2）。

Bb 型　1 件。折腹。

2013ZW 采：136，敞口，圆唇，短束颈，斜肩。颈部以下饰两道凸棱，肩部饰四道凸棱。下腹部不施釉。口径 8.4、底径 8.0、高 12.0、壁厚 0.3～1.2 厘米（图四四，3；彩版五一，6）。

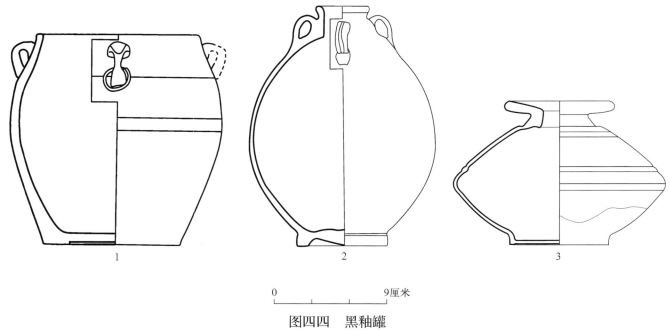

0　　　　　　　　9厘米

图四四　黑釉罐

1、2.Ba型2013ZW采：134、2013ZW采：135　3.Bb型2013ZW采：136

3. 酱釉罐

18 件。根据底、足的差异分四型。

A 型　8 件。平底。根据器物形制差异分四个亚型。

Aa 型　1 件。假圈足，带盖。

2018ZW 采：1，带盖，器盖施酱釉，盖面边沿制作一圈宽凹槽，凹槽以内饰水波、鱼草纹。敛口，短颈，溜肩，鼓腹。肩部由上自下饰两组纹饰，上部饰一圈共 16 个黄褐色图案，下部饰一圈共 4 组相同的黄褐色花纹装饰，纹饰下部饰两道凸棱。罐底中部施釉，外环一圈不施釉。器盖外径

17.5、内径 16.2、高 2.9 厘米。罐口径 15.6、腹径 30.6、底径 16.0、高 23.4、壁厚 0.6～0.8 厘米（图四五，1；彩版五二，1）。

Ab 型　1 件。双系罐。

2013ZW 采：123，直口，方唇，短颈，溜肩，鼓腹，下腹斜下收。肩部附两个对称桥形耳，肩部与上腹部各有两周纹饰。内壁满釉，外壁施釉至下腹部。口径 17.6、腹径 23.0、底径 12.8、高 22.2、壁厚 0.7～0.9 厘米（图四五，2）。

Ac 型　5 件。四系罐。

2013ZW 采：124，方唇，敛口，斜折肩，斜直腹。口沿下方堆塑四个两两对称桥型耳。肩部饰两组连枝花卉纹。内壁施满釉，外壁仅底部不施釉。口径 13.6、腹径 20.4、底径 12.3、高 16.6、壁厚 0.7～1.2 厘米（图四六，1；彩版五二，2）。

2013ZW 采：125，方唇，敞口，短颈，溜肩，鼓腹斜下收，肩部捏塑四对称桥型耳。内施满釉，外壁仅上腹部施釉，有流釉现象。口径 20.6、底径 13.4、腹径 27.6、高 30.5、壁厚 0.6～1.2 厘米（图四六，2）。

2013ZW 采：126，方唇，敛口，短颈，斜折肩，鼓腹，最大腹径位于中部。口沿下捏塑四个桥型耳，

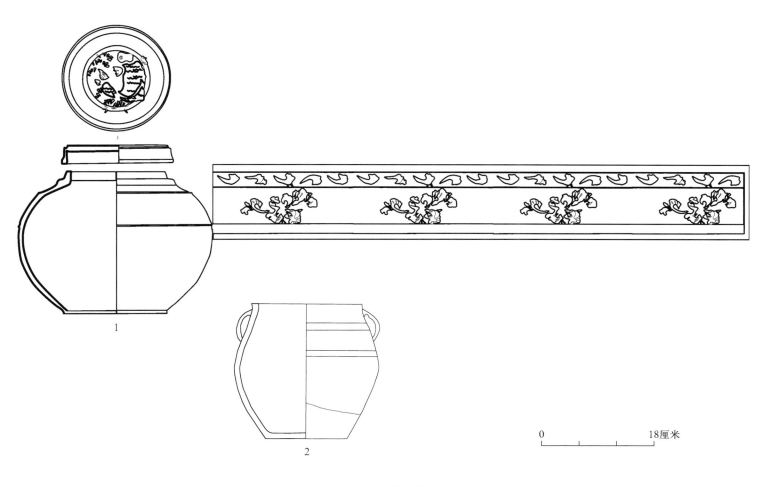

图四五　酱釉罐

1.Aa型2018ZW采：1　2.Ab型2013ZW采：123

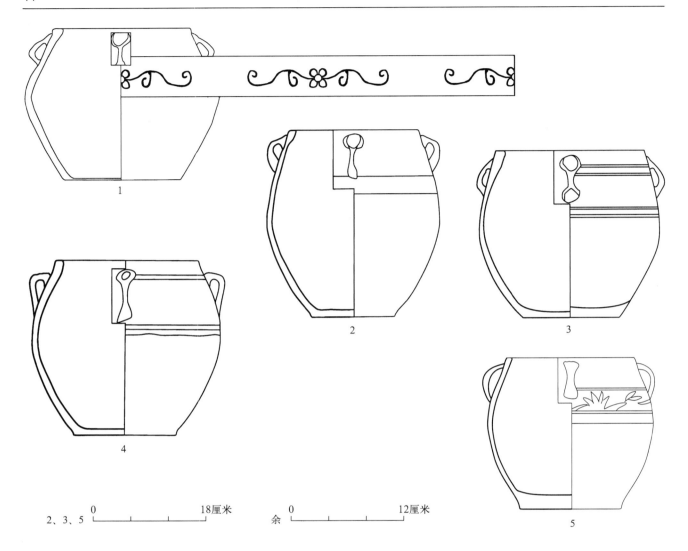

图四六　酱釉罐

1～5.Ac型2013ZW采：124、2013ZW采：125、2013ZW采：126、2013ZW采：127、2013ZW采：128

肩部饰两组共四道凸棱纹。内壁满釉，外壁近底部不施釉。口径24.0、底径15.0、高27.0、壁厚0.5～1.2厘米（图四六，3；彩版五二，3）。

2013ZW采：127，方唇，敛口，短颈，溜肩，鼓腹。口沿下堆塑四个对称桥型耳，口沿及下腹部饰两组四道凸棱纹。内施满釉，外壁施半釉。口径15.2、腹径20.0、底径10.8、高19.2、壁厚0.6～1.2厘米（图四六，4；彩版五二，4）。

2013ZW采：128，敛口，方唇，溜肩，鼓腹，平底，口沿下堆塑四个对称桥型耳，上腹部饰一周花草纹饰。内壁施满釉，外壁施釉不及底。口径20.6、腹径26.4、底径16.2、高24.8、壁厚0.4～1.1厘米（图四六，5；彩版五三，1）。

Ad型　1件。橄榄形罐。

2013ZW采：129，敛口，圆唇，溜肩，鼓腹。肩部及腹部饰四道凸棱纹。外壁施釉不及底。口径16.8、腹径23.8、底径16.4、高30.0、壁厚0.5～0.8厘米（图四七，1；彩版五三，2）。

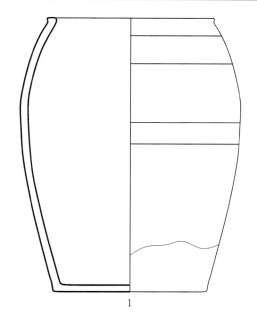

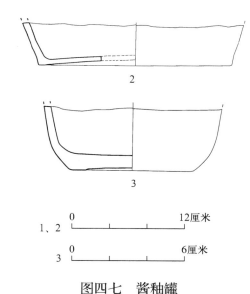

图四七　酱釉罐

1. Ad型2013ZW采：129　2、3. B型2013ZWTG1：18、2013ZW采：19

B 型　2 件。底内凹。

2013ZWTG1：18，上半部残，斜直腹。底径20.4、残高4.4、壁厚0.65厘米（图四七，2）。

2013ZW 采：19，口部残，斜直腹，腹底斜下收。内壁施满釉。底径6.5、残高6.6、壁厚0.7～1.4厘米（图四七，3）。

C 型　3 件。假圈足。根据器物细部差异分两亚型。

Ca 型　1 件。四系，足外撇。

2018ZW 采：7，方唇，敞口，短颈，溜肩，鼓腹，腹下部斜收。口沿及肩部捏塑四对称桥形耳，肩部饰两道凸棱纹。颈部至圈足施釉。口径18.7、腹径24.2、底径11.3、高28.5、壁厚0.6～1.3厘米（图四八，1）。

Cb 型　2 件。短束颈，鼓腹。

2013ZW 采：130，敞口，圆唇，溜肩。颈下部饰一道凸棱，肩部饰两道凸棱，凸棱之间贴塑一"主"字，腹下最大腹径处饰三道凸棱。口径8.8、底径9.6、高24.2、壁厚0.6～1.8厘米（图四八，2）。

2013ZW 采：131，敞口，口内壁内收，溜肩，腹下斜收。肩部饰一圈六瓣形花纹，腹中部饰有两道凸棱纹，外底部中间饰有重叠叶片纹。底部近外周一圈不施釉。口径9.5、腹径25.2、底径14.2、高22.2、壁厚0.5～2.1厘米（图四八，3；彩版五三，3、4）。

D 型　4 件。圈足。根据器物形制差异分三亚型。

Da 型　1 件。四系，足跟内敛，外底心内凹。

2013ZWTG1：3，敛口，圆唇，溜肩，鼓腹。肩部贴塑两组四个对称桥形耳。器耳之间饰有八瓣连枝花卉纹。口径13.6、底径10.0、高17.8、壁厚0.4～0.8厘米（图四九，1）。

Db 型　1 件。圈足外撇，足跟外削。

2013ZW 采：81，上半部残，斜直腹，器底较厚。底径8.4、残高4.5、壁厚0.9～2.1厘米（图四九，2）。

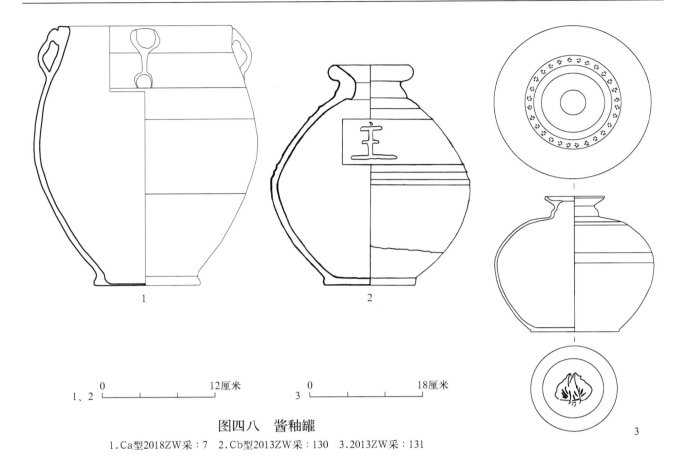

1、2 ⊢0————————12厘米⊣   3 ⊢0————————18厘米⊣

图四八 酱釉罐

1.Ca型2018ZW采：7　2.Cb型2013ZW采：130　3.2013ZW采：131

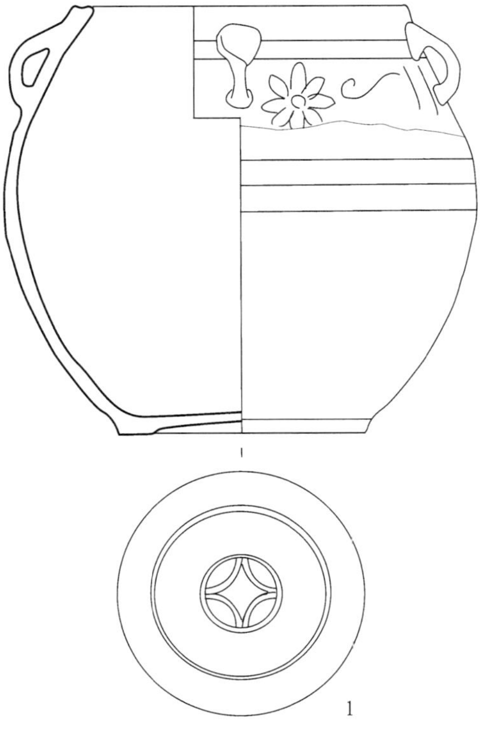

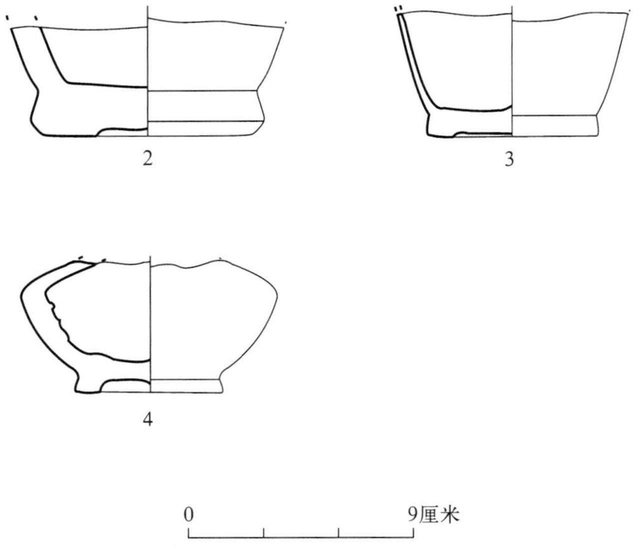

⊢0————————9厘米⊣

图四九 酱釉罐

1.Da型2013ZWTG1：3　2.Db型2013ZW采：81　3、4.Dc型2013ZW
采：83、2013ZW采：109

Dc 型　2 件。足外撇，底部中心外凸。

2013ZW 采：83，上部残，斜直腹。底径 6.8、残高 5.1、壁厚 0.3 ～ 1.1 厘米（图四九，3）。

2013ZW 采：109，口部残，折腹。内、外均施釉。底径 5.6、残高 5.4、壁厚 0.8 ～ 1.0 厘米（图四九，4）。

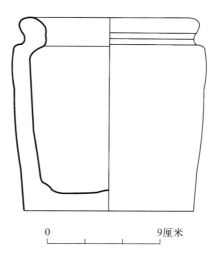

图五〇　黑釉坛 2013ZW 采：142

（九）坛类

5 件。釉色包括酱釉、黑釉两类。

1. 黑釉坛

1 件。

2013ZW 采：142，敞口，圆唇，短颈，丰肩，直壁，平底。口径 13.6、底径 13.9、壁厚 1.3 ～ 2.5 厘米（图五〇）。

2. 酱釉坛

4 件。根据腹部差异可分两型。

A 型　3 件。鼓腹。根据口沿的差异分两亚型。

Aa 型　2 件。敞口。

2018ZW 采：12，宽圆唇，唇部加厚，内收，竖颈，溜肩，平底。肩部饰三道凸棱，上腹部对称贴塑"孝水长流"四字，腹中部饰两道凸棱，底部外圈不施釉，坛外底中部有一个圆圈状的装饰符号。通体施酱釉。口径 9.0、腹径 25.2、底径 14.4、高 22.2、壁厚 0.6 ～ 1.4 厘米（图五一，1；彩版五四，1、2）。

2013ZW 采：140，圆唇，束颈，颈部加厚，溜肩，下腹部内收，最大腹径位于上腹部，平底。上腹部堆塑一"和"字。口径 14.4、腹径 27.0、底径 19.4、高 35.4、壁厚 1.1 ～ 2.5 厘米（图五一，2；

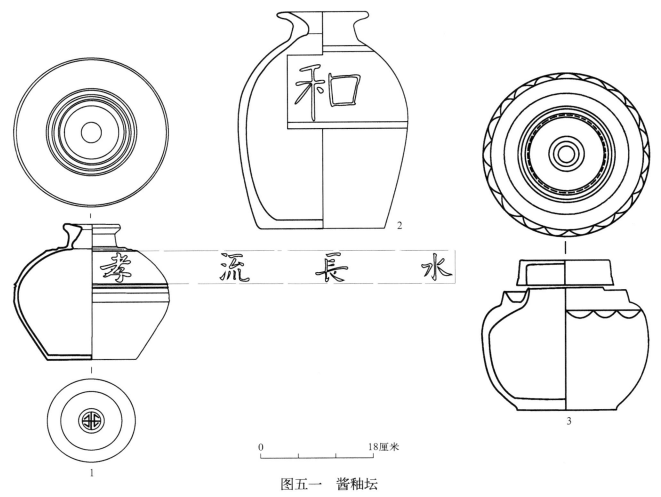

图五一　酱釉坛

1、2.Aa型2018ZW采：12、2013ZW采：140　3.Ab型2013ZW采：141

彩版五四，3）。

Ab型　1件。子母口。

2013ZW采：141，带盖，短颈，丰肩，假圈足。肩部饰半圆形波浪状纹饰一周。内施满釉，外施酱釉及底，留环形空缺，盖，内部不施釉外部施半釉，盖面依稀可见纹饰。盖沿直径14.0、口径19.0、腹径26.0、底径15.5、壁厚1.0～2.0厘米（图五一，3）。

B型　1件。直壁，直口。

2018ZW采：13，方唇，倒"凸"字型器盖，竖颈，折肩，平底。肩部右侧饰一横向桥型把手。肩部贴饰"抓革命 促生产"六字。盖面直径10.5、口径14.0、腹径36.0、底径26.5、高56.0、壁厚2.0厘米（图五二；彩版五四，4、5）。

（一〇）盆

酱釉盆

1件。

2013ZWC10：3，侈口，圆唇，卷沿，弧腹，圈足。口径 25.6、底径 12.6、高 8.8、壁厚 0.5～1 厘米（图五三）。

（一一）器盖

2 件。包括青瓷器盖、酱釉器盖两类。

1. 青瓷器盖
1 件。

2013ZWTG1：19，口部残，弧顶，出沿。口径 14.0、残高 2.9、壁厚 0.4～0.6 厘米（图五四，1）。

2. 酱釉器盖
1 件。

2013ZWC7：2，盖面微弧，顶部附有一枝蔓状纽，俯视整体为树枝图案。直径 10.4、高 3.3、壁厚 0.6～1.0 厘米（图五四，2）。

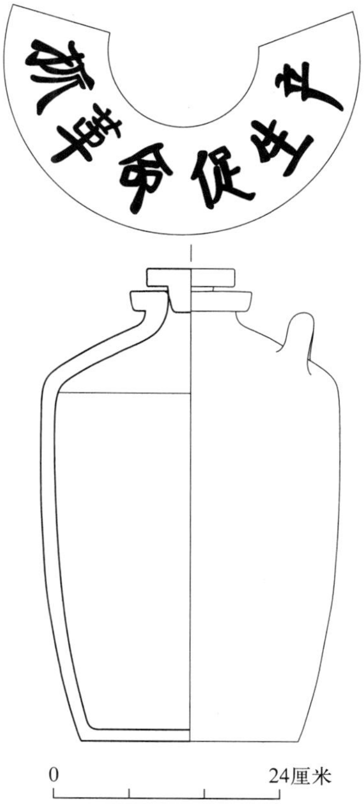

（一二）缸

7 件。均为酱釉。

图五二 B 型酱釉坛 2018ZW 采：13

酱釉缸
7 件。结合渭头河窑生产情况以及器形大小差异可以分为三型。

A 型 1 件。大号缸。

2018ZW 采：5，敛口，圆唇，平沿，束颈，斜鼓腹，下腹部斜下收，平底。缸身上部饰一圈流云纹，缸身主体饰双龙戏珠图案，两条行龙龙首相对，嘴微张，各有一爪展开相对托着一颗珠子，周身饰灵芝与云彩纹饰，下部饰波浪纹。口径 73.0、底径 42.0、高 71.0、壁厚 3.0 厘米（图五五；彩版五五，1、2）。

B 型 5 件。中号缸。

2018ZW 采：4，敞口，圆唇，鼓腹，平底。缸身饰一条行龙，龙嘴朝左微张，龙头前饰一颗火焰珠。龙纹下饰波浪纹。内、外均施满釉。口径 32.0、底径 24.0、高 40.5、壁厚 1.0～1.2 厘米（图五六，1；彩版五五，3、4）。

2018ZW 采：12，敛口，圆唇，竖颈，溜肩，鼓腹，腹部斜下收，平底。缸身饰一条行龙，龙嘴朝左微张，龙头前饰一颗火焰珠，下饰波浪纹。器壁施满釉。口径 31.5、底径 24.0、高 40.0、壁厚 1.2～6.0 厘米（图五六，2；彩版五六，1）。

2018ZW 采：2，敛口，圆唇，竖颈，溜肩，弧腹，平底。缸身中上部为开光装饰，内饰两只孔雀站立于石头上，周围点缀牡丹与葡萄等植物纹饰。口径 35.5、底径 28.5、高 39.5、壁厚 1.0～1.5

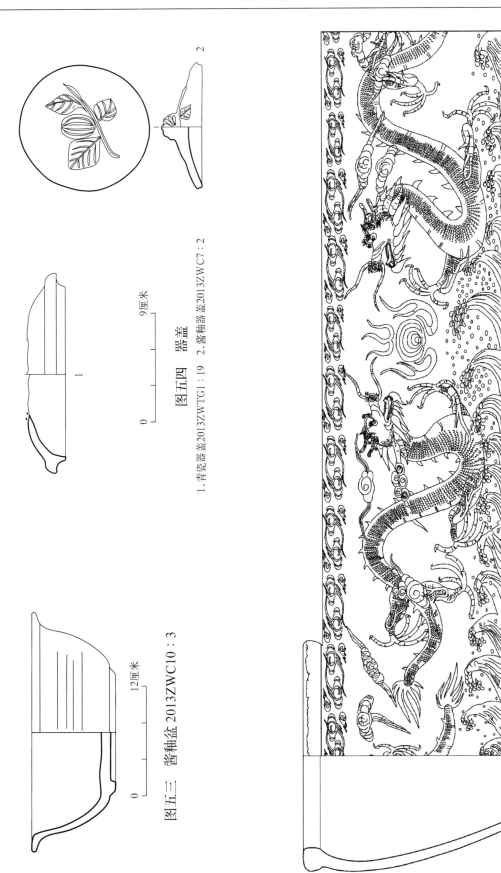

图五四　器盖

1. 青瓷器盖2013ZWTG1：19　2. 酱釉器盖2013ZWC7：2

图五三　酱釉盆2013ZWC10：3

图五五　A型酱釉缸 2018ZW 采：5

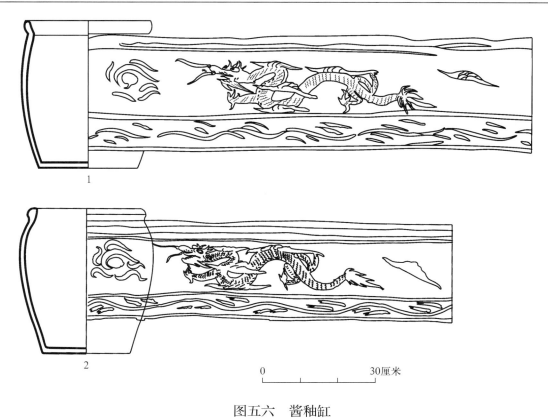

图五六　酱釉缸

1、2.B型2018ZW采：4、2018ZW采：12

图五七　B型酱釉缸 2018ZW 采：2

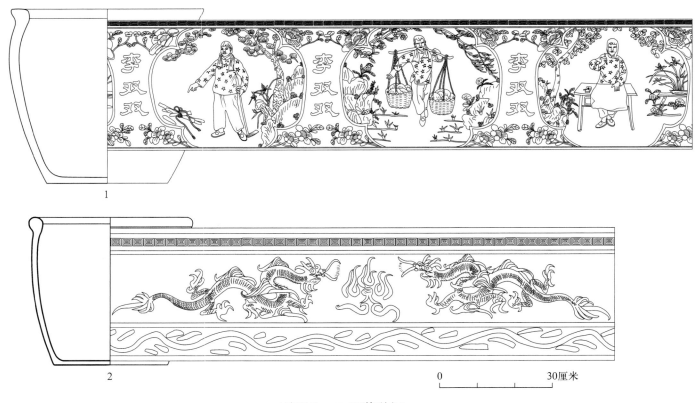

图五八　B 型酱釉缸

1、2.2018ZW采：8、2018ZW采：3

厘米（图五七；彩版五六，2）。

2018ZW 采：8，敞口，方唇，竖颈，弧腹，平底。缸身主题为三开光装饰，开光内绘有三位妇女活动场景，依次为女子田间耕作、挑担和写书法。开光纹之间竖书"李双双"三字，周饰花草、树木纹饰。整个缸身装饰表现为电影《李双双》故事内的主要情景，画面逼真，装饰精美。口径51.0、底径32.0、高47.5、壁厚2.0 厘米（图五八，1；彩版五七，1）。

2018ZW 采：3，敞口微敛，圆唇，竖颈，溜肩，弧腹，平底。缸身主体饰两条行龙，龙首相对，龙嘴微张，中夹一团火焰。龙纹上饰一圈"回"字纹，下饰水波纹。内、外施满釉。口径40.0、底径30.0、高40.5、壁厚1.0～1.2 厘米（图五八，2；彩版五七，2）。

图五九　C 型酱釉缸 2018ZW 采：6

C型　1件。小号缸。

2018ZW 采：6，平口，方唇，竖颈，溜肩，鼓腹，腹部斜下收，平底。缸身饰一条行龙，龙嘴朝左微张，龙首前端饰一颗火焰珠，龙身下部饰粗线条波浪纹。缸身施满釉。口径 24.0、底径 16.2、高 24.0、壁厚 0.9～1.1 厘米（图五九；彩版五七，3）。

（一三）暖婆婆

酱釉暖婆婆

3件。根据腹部差异分三型。

A型　1件。圆鼓腹。

2013ZW 采：143，直口，方圆唇，短颈，溜肩，口部器壁加厚，"T"字形器盖，表面制作呈螺旋状与口沿咬合，平底。肩部饰对称横向桥形耳，堆塑"壹　陶坛"三字。口径 5.6、腹径 23.3、底径 4.0、高 13.5、壁厚 0.8～3.9 厘米（图六〇，1；彩版五八，1）。

B型　1件。折腹。

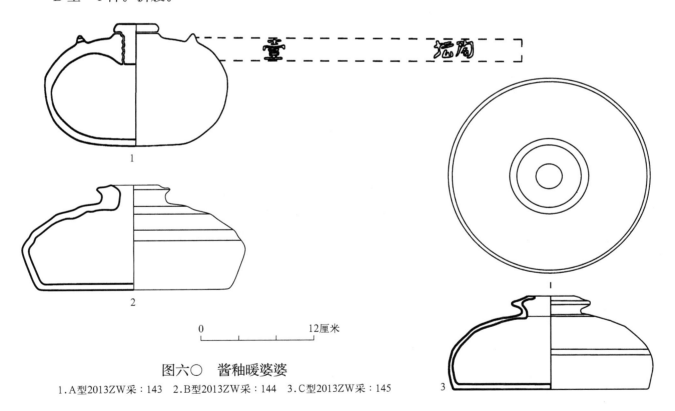

图六〇　酱釉暖婆婆

1. A型2013ZW采：143　2. B型2013ZW采：144　3. C型2013ZW采：145

2013ZW 采：144，敞口，圆唇，短颈，溜肩，平底。外壁施釉不及底。口径 7.6、腹径 23.4、底径 20.0、壁厚 0.5～2.0 厘米（图六〇，2；彩版五八，2）。

C型　1件。斜直腹。

2013ZW 采：145，敞口，束颈，溜肩，腹下部斜收，平底。通体施釉。口径 6.0、腹径 22.0、底径 21.0、高 10.2、壁厚 0.5～1.2 厘米（图六〇，3）。

（一四）架类

3件。分陶、瓷两类。瓷器2件，酱釉、蓝釉各1件。陶器1件。

1. 陶架

1件。

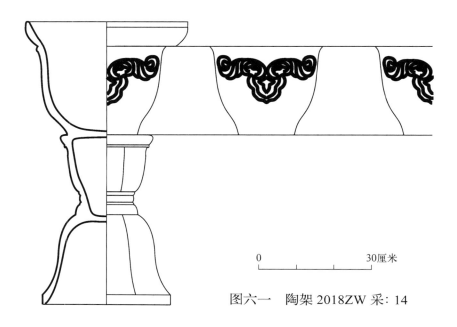

图六一　陶架 2018ZW 采：14

2018ZW 采：14，整体由三段钵状器皿组成，上段为敞口，方唇，斜折沿，鼓腹，假圈足，底部镂空。外壁饰四道凹棱，凹棱纹之间饰彩绘如意纹。中段为敞口，方唇，折沿，鼓腹，假圈足，外壁饰四道凸棱纹。下段为敞口，方唇，折沿，假圈足，鼓腹，外壁饰四道凸棱纹。上口径45.0、下口径35.0、整体高78.0、壁厚1.0～2.0厘米（图六一；彩版五八，3）。

2. 蓝釉架

1件。

2018ZW 采：16，喇叭口，竖颈，溜肩，弧腹，架足外撇，平底。陶胎，架顶可置盘，最小腹径处左右对称分布两个兽首形铺首，腹下部饰两道凸棱。顶部宽40.5、腹径22.5、底径27.0、高95.5、壁厚2.5厘米（图六二，1；彩版五八，4）。

3. 酱釉架

1件。

2018ZW 采：15，架上端对称分布四组兽首形挂件，中端也对称分布有四组小型挂件，架底座外撇，主体中空。底径38.5、高188.0厘米（图六二，2；彩版五八，5）。

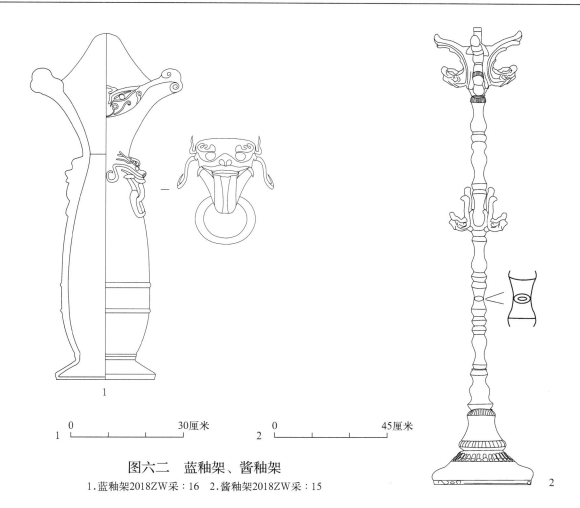

图六二　蓝釉架、酱釉架

1.蓝釉架2018ZW采∶16　2.酱釉架2018ZW采∶15

（一五）电视柜

酱釉电视柜

1件。

2018ZW采∶17，整体呈亚腰型瓶状，分上下两部分∶上为一直面平板，侧面装饰成悬幔状；底座为平口，束颈，折肩，鼓腹，束腰，下接一方形座，在腹、腰部饰有飞鸟俯冲纹与松树纹，右下角戳印方格。底座侧面堆贴有"山东淄川陶瓷厂"字样。高82.8厘米，台面长50.4、宽44.4、高9.6厘米，方形座长46.8、宽42.0、高6.0厘米（图六三；彩版五九，1、2）。

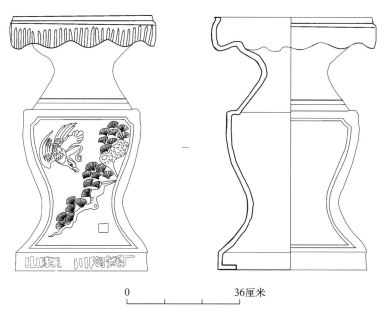

图六三　酱釉电视柜 2018ZW采∶17

（一六）桌、凳

酱釉桌、凳

1组。

2018ZW 采：20，桌子为六瓣花形桌面，上饰一条黑釉团龙。桌腿上部呈喇叭状支撑桌面，中部外凸，饰一条行龙，龙嘴微张，旁饰一颗火焰珠，桌腿下部外撇，足底斜内收，平底。桌面直径

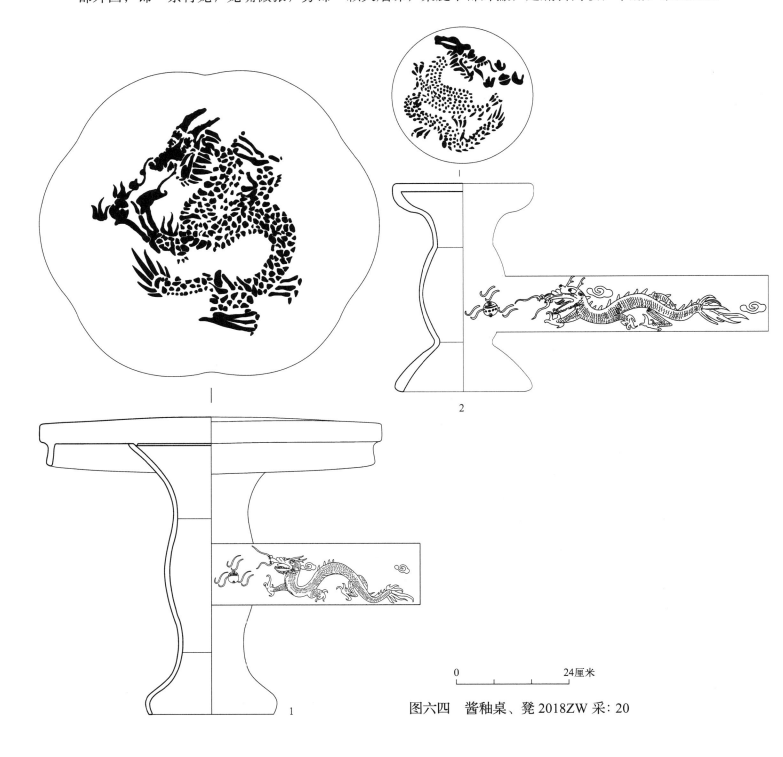

图六四　酱釉桌、凳 2018ZW 采：20

72.0、桌腿最大径 26.0、最小径 13.6、高 64.8、壁厚 1.5 厘米。凳子为圆形凳面，凳面饰一条黑色升龙。凳腿最大径位于腿中部，凳足外撇，平底，中空。凳腿中部饰一条行龙，龙嘴微张，旁饰一颗珠子，龙身周围饰云纹。凳面直径 30.0、底径 30.0、高 46.0、壁厚 2.0 厘米（图六四；彩版五九，3）。

（一七）绣墩

酱釉绣墩

1 件。

2018ZW 采：21，墩面呈圆形，整体施釉，面中部饰一个镂空心形图案，折沿，沿面内凹，下部装饰呈波浪纹。墩身呈瓿形，墩身中空，中部饰三道凸棱，下部饰两组镂空花瓣造型的图案，喇叭状底座，足跟凸起。墩面直径 20.2、腹径 15.2、底径 22.2、高 21.7 厘米（图六五，1；彩版五九，4）。

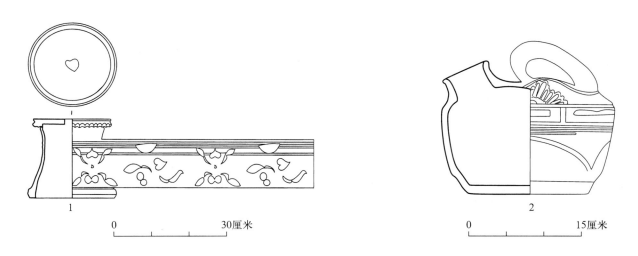

图六五　酱釉绣墩与虎子

1. 酱釉绣墩 2018ZW 采：21　2. 酱釉虎子 2013ZW 采：146

（一八）虎子

酱釉虎子

1 件。

2013ZW 采：146，整体呈鹰隼状，敞口，圆唇，短颈，折肩，斜直腹，平底。背部有一提梁，肩部及上腹部有纹饰。口径 6.6、腹径 22.6、底径 16.0、高 21.0、壁厚 0.8～1.2 厘米（图六五，2；彩版五九，5）。

二　工业陶瓷

1958 年左右，国内掀起全民"大炼钢铁"运动，渭头河窑（原淄博陶瓷公司）也开展"以陶代钢"生产形式，期间，为满足国内建设的需要，也生产大量工业用瓷。本次收集 4 件代表性器物，均为酱釉，分为泵、蒸馏器和冒泡器三类。

（一）泵

酱釉泵

2 件。

2018ZW 采：22，整体外形呈蜗牛状，分出水口、进水口及泵体。泵身外壁施釉，出水口周围不施釉，余下施满釉，泵内仅中部施釉。出水口口径 10.5、进水口口径 15.0、壁厚 2.2～4.2 厘米（图六六，1；彩版六〇，1～3）。

2018ZW 采：23，整体呈蜗牛状，由进水口、出水口、泵体、底座四部分组成。泵身施釉，内壁不施釉。高 44.0、底座长 36.0、宽 23.0 厘米（图六六，2；彩版六〇，4～6）。

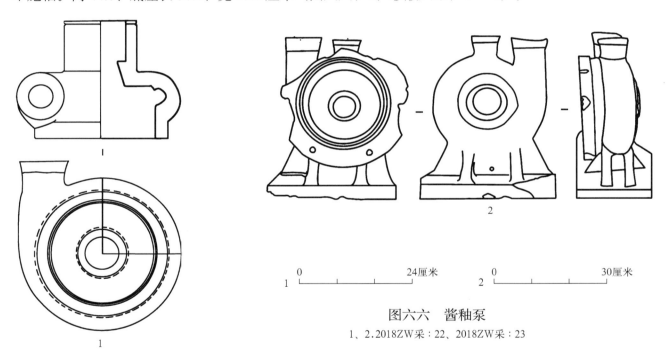

图六六　酱釉泵
1、2.2018ZW采：22、2018ZW采：23

（二）蒸馏器

酱釉蒸馏器

1 件。

2018ZW 采：24，平折沿，直壁，平底。侧壁有多组近圆形穿孔。口径 43.0、高 37.5、壁厚 5.0～10.0 厘米（图六七，1；彩版六一，1、2）。

（三）冒泡器

酱釉冒泡器

1件。

2013ZW 采：50，平底，直壁，出沿，壁下部有三组近圆形穿孔，孔径由上及下逐渐增大。口径7.8、高5.8、壁厚0.35～0.7厘米（图六七，2；彩版六一，3）。

（四）锡棒

锡棒

1件。

2013ZW 采：51，中空，一端开口。长15.5、直径0.7厘米（图六七，3；彩版六一，4）。

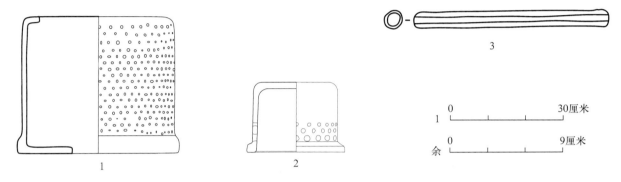

图六七　酱釉蒸馏器、冒泡器、锡棒

1.酱釉蒸馏器2018ZW采：24　2.酱釉冒泡器2013ZW采：50　3.锡棒2013ZW采：51

三　建筑构件

方砖

1件。

2013ZWTG1：11，整体呈梅花状，正方体，每边正中各有一方形缺口。边长38.0、厚7.0厘米，缺口长9.5、宽4.0厘米（图六八；彩版六一，5）。

四　窑具

即在焙烧过程中用耐火泥制成对坯件起垫托、间隔、保护、测温等作用的器具。主要出土于窑室、制作间及探沟内，包括垫具、支烧具、间隔具、火照、匣钵等。

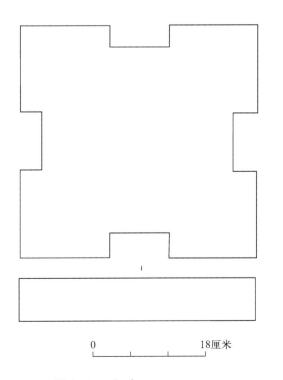

图六八　方砖 2013ZWTG1：11

（一）匣钵

5 件。根据形状不同可以分为两类。

1. 钵状匣钵

1 件。

2018ZW 采：24，方唇，直壁，折腹斜收，小平底，耐火泥。口径 31.0、底径 14.8、高 12.5、壁厚 0.6 ～ 2.1 厘米（图六九；彩版六二，1）。

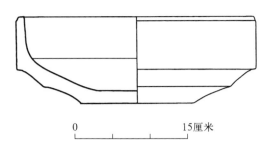

图六九　钵状匣钵 2018ZW 采：24

2. 筒状匣钵

4 件。

2018ZW 采：25，口微敛，腹微鼓，最大腹径位于中下部，平底，底部中央穿孔，周身遍布自左向右呈螺旋状分布盘筑痕迹，近底部戳印四组不规则凹坑，每组四个，耐火泥。口径 21.5、外底径 22.5、内底径 8.3、高 42.0、壁厚 1.2 ～ 1.7 厘米（图七〇，1；彩版六二，2）。

2018ZW 采：26，口微敛，微鼓腹，平底，底部中央有穿孔，最大腹径位于中下部。周身遍布自左向右呈螺旋状分布盘筑痕迹，近底部无盘筑痕迹。有四组不规则戳印凹坑，每组四个，耐火泥。口径 21.5、腹径 26.5、外底径 24.4、内底径 8.6、高 39.5、壁厚 1.3 ～ 1.8 厘米（图七〇，2；彩版六二，3）。

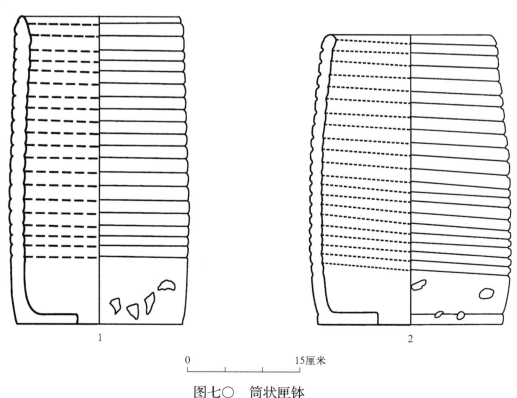

图七〇　筒状匣钵
1、2.2018ZW 采：25、2018ZW 采：26

2018ZW 采：27，口微敛，腹微鼓，最大径位于腹中下部。平底，底部中央穿孔。周身遍布自左向右呈螺旋状分布盘筑痕迹；近底部无盘筑痕迹，戳印有四组不规则凹坑，每组四个，耐火泥。口径 22.1、外底径 23.6、内底径 8.4、高 40.8、壁厚 0.8 ～ 1.5 厘米（图七一，1；彩版六二，4）。

2018ZW 采：28，口微敛，腹微鼓，最大腹径位于中下部，平底，底部中央穿孔，周身遍布自左向右呈螺旋状分布盘筑痕迹，近底部戳印四组不规则凹坑，每组四个，耐火泥。口径 23.2、外底径 25.2、内底径 9.0、高 37.3、壁厚 1.4 ～ 2.7 厘米（图七一，2；彩版六二，5、6）。

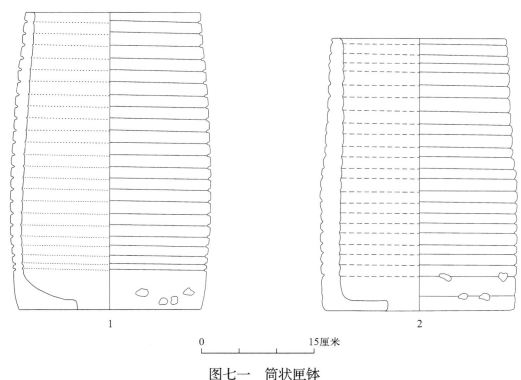

图七一　筒状匣钵
1、2.2018ZW采：27、2018ZW采：28

（二）蘑菇状窑具

蘑菇状窑具

2 件。

2013ZWY1：3，蘑菇伞盖内侧中心残留白釉、黑釉。伞盖直径 5.5、厚 0.5 厘米（图七二，1）。

2013ZWY1：4，蘑菇伞盖内侧中心施白釉。伞盖直径 5.6、厚 0.8 厘米（图七二，2；彩版六三，1）。

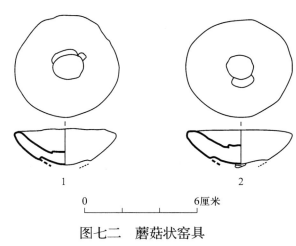

图七二　蘑菇状窑具
1、2.2013ZWY1：3、2013ZWY1：4

（三）模具

模具

2 件。

2013ZWF1：3，呈圆盘锯齿状，中部残留两个范孔。半径 18.4 厘米（图七三，1；彩版六三，2）。

2013ZWF6：8，呈梯形，敞口，方唇。内壁饰两周凹弦纹及刻划纹。顶径 11.6、底径 17.0、高 7.5、壁厚 0.9 ～ 1.0 厘米（图七三，2）。

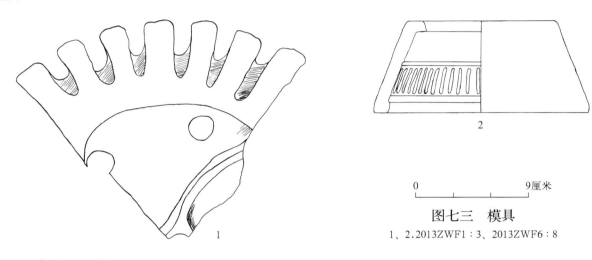

图七三　模具

1、2.2013ZWF1：3、2013ZWF6：8

（四）陶垫

陶垫

3 件。陶、瓷器制作过程中与陶拍配合使用，用于内外壁的夯实、平整或装饰时，放置于尚未完全成形的泥坯内腔内壁面，起垫衬作用，防止器壁走样变形的工具。渭头河窑址出土陶垫整体均呈"蘑菇"状，顶部圆盘呈弧面，下部连接圆形实心垫柄。

2013ZWF1：1，垫面呈圆形，面微弧。垫面直径 7.5、垫柄直径 3.3、长 14.0 厘米（图七四，1）。

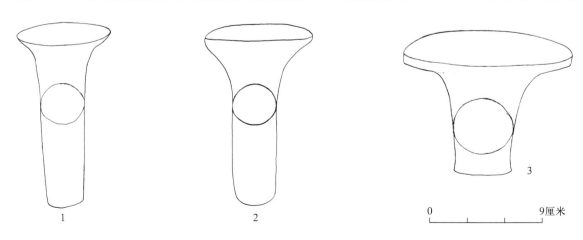

图七四　陶垫

1～3.2013ZWF1：1、2013ZWF1：50、2013ZWF3：25

2013ZWF1：50，垫面直径 8.4、垫柄直径 2.6、长 13.8 厘米（图七四，2；彩版六三，3）。

2013ZWF3：25，垫面直径 14.8、垫柄直径 5.0、长 10.4 厘米（图七四，3；彩版六三，4）。

（五）支烧具

支烧具

2 件。

2013ZWTG4：4，呈圆柱体，实心。直径 7.0、残长 11.5 厘米（图七五，1）。

2013ZWTG4：7，呈圆柱体，实心。直径 4.5、残长 10.3 厘米（图七五，2）。

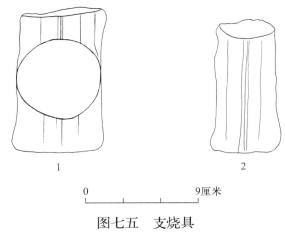

图七五 支烧具

1、2.2013ZWTG4：4、2013ZWTG4：7

（六）垫具

23 件。根据形状的不同分六类。

1. 圆形垫具

4 件。

2013ZWC6：8，一侧厚，一侧相对较薄。直径 6.5、厚 0.5～2.3 厘米（图七六，1）。

2013ZWTG1：15，一侧厚一侧薄。直径 8、厚 0.7～2.2 厘米（图七六，2）。

2013ZWC7：12，坡面呈斜坡状。直径 6.5、厚 0.6～2.5 厘米（图七六，3）。

2013ZWF3：17，表面有四道凸棱，其中一道凸棱黏连一块窑土。直径 6.4、厚 1.4 厘米（图七六，4；彩版六三，5）。

2. 马鞍形垫具

2 件。整体呈马鞍形，表面不规整。

2013ZWC9：3，中部凸起。长 14.0、宽 11.8、厚 4.0 厘米（图七七，1；彩版六三，6）。

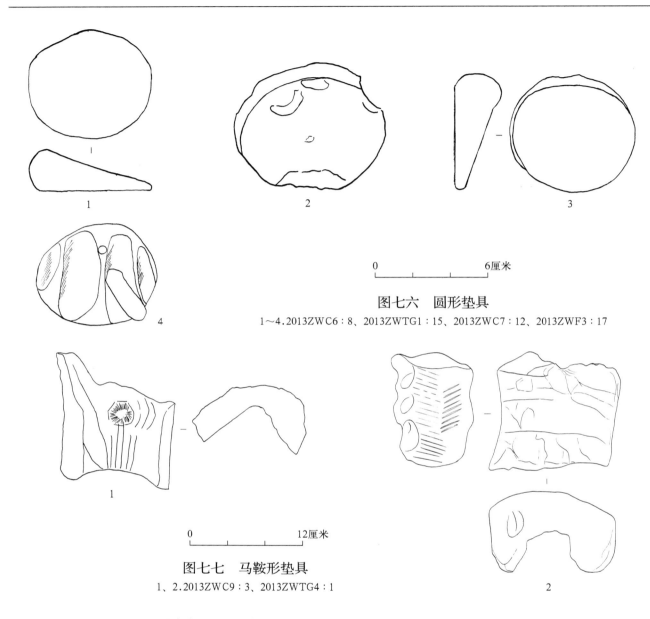

图七六　圆形垫具
1~4.2013ZWC6：8、2013ZWTG1：15、2013ZWC7：12、2013ZWF3：17

图七七　马鞍形垫具
1、2.2013ZWC9：3、2013ZWTG4：1

2013ZWTG4：1，器身侧面有指窝、加工痕迹及器物压印绳纹、凸棱纹。表面有规则刻划纹，上表面中部凹陷。长13.5、宽8.6、高12.8厘米（图七七，2）。

3. 扇形垫具

6件。整体呈扇形（类似手风琴），表面有数道凸棱，背面平整，利用耐火泥模制。

A型　表面有四道凸棱，凸棱两端残留器物压痕。

2013ZWC6：32，凸棱表面附着有釉料。长9.0、宽7.0、厚2.6厘米（图七八，1）。

2013ZW采：6，长8.0、宽7.2、高2.3厘米（图七八，2）。

2013ZW采：7，长8.0、宽7.5、高2.0厘米（图七八，3；彩版六三，7）。

B型　表面有六道凸棱，凸棱中端残留器物压痕。

2013ZWTG1：1，上面有六道凸棱。长9.9、宽8.3、厚1.6～2.1厘米（图七九，1）。

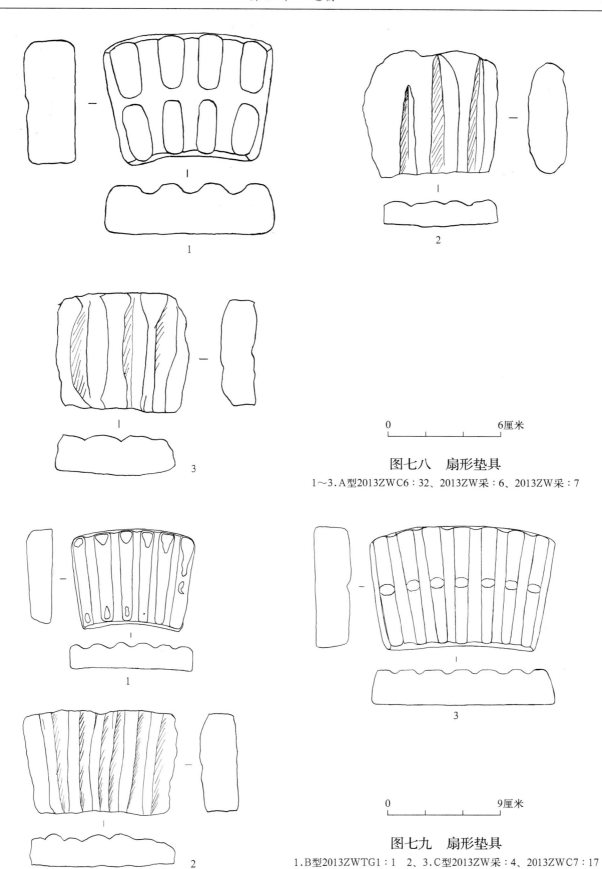

0   6厘米

图七八 扇形垫具

1~3.A型2013ZWC6：32、2013ZW采：6、2013ZW采：7

0   9厘米

图七九 扇形垫具

1.B型2013ZWTG1：1 2、3.C型2013ZW采：4、2013ZWC7：17

C 型　表面有七道凸棱，凸棱中端残留器物压痕。

2013ZW 采：4，上表面有七道凸棱。长 12.5、宽 8.5、高 3.0 厘米（图七九，2）。

2013ZWC7：17，上面有七道凸棱。长 14.7、宽 9.7、厚 2.9 厘米（图七九，3；彩版六三，8）。

4. 弧长条形垫具

6 件。整体制作较为规整，上下两面均形成一定凹面，横向弧度较小。

2013ZWC6：1，长 13.0、宽 5.5、高 6.7 厘米（图八〇，1；彩版六三，9）。

2013ZWC6：2，上面略凹，下面呈明显凹形，下部有两三角形内凹孔。长 13.5、宽 3、高 6.4 厘米（图八〇，2）。

2013ZWC6：3，长 13.4、宽 3.0、厚 2.7～3.5 厘米（图八〇，3）。

2013ZWTG1：14，表面呈不规则状。长 15.8、宽 6.0、厚 5.5 厘米（图八〇，4）。

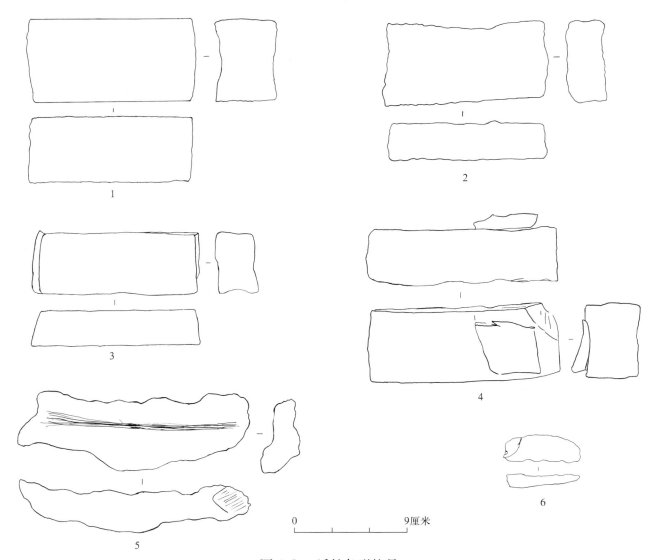

0　　　　　　　　　9厘米

图八〇　弧长条形垫具

1～6.2013ZWC6：1、2013ZWC6：2、2013ZWC6：3、2013ZWTG1：14、2013ZWTG4：2、2013ZW 采：95

2013ZWTG4：2，表面较平整。长 18.5、宽 3.0、高 3.5 厘米（图八〇，5）。

2013ZW 采：95，表面较平整。长 6.9、高 3.5、厚 1.4 厘米（图八〇，6）。

5. 不规则状垫具

4 件。

2013ZWTG4：3，表面有三条凸棱。长 13.0、宽 5.5、高 5.8 厘米（图八一，1）。

2013ZW 采：92，表面不规整。长 4.8、宽 1.5、高 4.5 厘米（图八一，2）。

2013ZW 采：93，中部凸起。长 6.2、高 2.0、厚 0.3 ~ 1.5 厘米（图八一，3）。

2013ZW 采：94，上表面有四道凸棱，应为手握形成。长 10.4、宽 3.0、厚 1.7 厘米（图八一，4）。

6. 锥状垫具

1 件。

2013ZWTG4：5，胎质呈酱色，锥尖端残留凹槽，上顶部表面近圆形，下端渐收。直径 4.2、残长 9.2 厘米（图八一，5）。

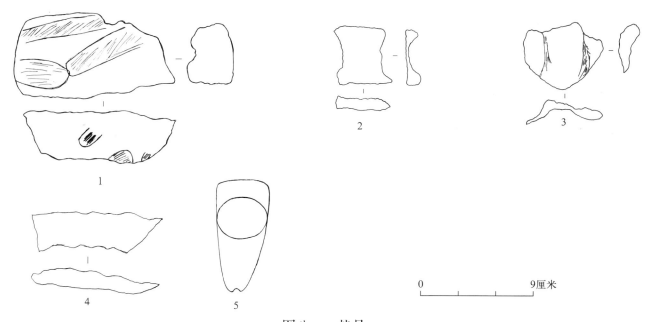

0　　　　　　　　　9厘米

图八一　垫具

1~4.不规则状垫具2013ZWTG4：3、2013ZW采：92、2013ZW采：93、2013ZW采：94　5.锥状垫具2013ZWTG4：5

（七）间隔具

4 件。器物入窑烧造过程中，用于间隔器坯，防止黏连的窑具。整体呈覆碗状，腹部斜向内收呈竹节状，矮圈足。分三型。

A 型　方唇，腹部线条较平缓，顶部内凹。

2013ZWC4：3，平顶略凹，下部略向外撇，比顶部大，中空，底缘平而宽。外壁有数道凸棱纹。

口径 15.0、底径 10.4、高 8.5、壁厚 0.8～1.5 厘米（图八二，1）。

2013ZW 采：61，方唇微敛，顶部内侧中心凸起。口径 10.0、底径 6.0、高 4.0、壁厚 0.8～1.2 厘米（图八二，2；彩版六四，1）。

B 型　尖唇外撇，腹部凸棱较突出，顶部中心向内外侧凸起。

2013ZWF3：29，顶部斜削一圈，外壁有数道凹槽，撇足。口径 12.0、底径 5.0、高 5.0、壁厚 0.4～0.8 厘米（图八二，3；彩版六四，2）。

C 型　敞口，尖圆唇内敛，腹部凸棱高，顶部中心渐薄。

2013ZW 采：79，顶部中心外凸，斜直腹，外壁不规则，足外撇。口径 13.0、底径 6.0、高 6.0、壁厚 0.5～0.7 厘米（图八二，4；彩版六四，3、4）。

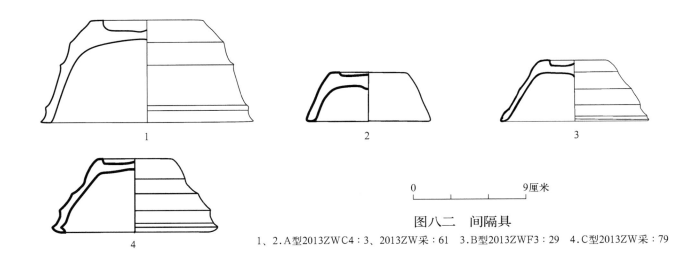

图八二　间隔具

1、2.A型2013ZWC4：3、2013ZW采：61　3.B型2013ZWF3：29　4.C型2013ZW采：79

（八）火照

5 件。主要在陶瓷器烧造过程中用来测试窑内温度和胎釉成色。分三型。

A 型　整体呈蜻蜓状，顶端较宽呈圆柱状，颈部附着钩环，尾端渐扁。分两亚型。

Aa 型

2013ZWY1：1，顶端施酱釉，钩环较长，下端扁平残缺。残长 7.0、最大径 1.0 厘米（图八三，1；彩版六四，5）。

2013ZWY1：2，顶端施酱釉，钩环稍短，下端残。残长 7.2、最大径 1.1 厘米（图八三，2；彩版六四，6）。

Ab 型

2013ZWC3：1，头部施青釉，钩环残断，下端有手指捏痕。长 8.9、最大径 1.0 厘米（图八三，3；彩版六四，7）。

B 型　上半部呈圆柱状，下半部渐扁平，中间穿孔。

2013ZWC7：3，顶端施黑釉。长 7.3、直径约 1.8 厘米（图八三，4；彩版六四，8）。

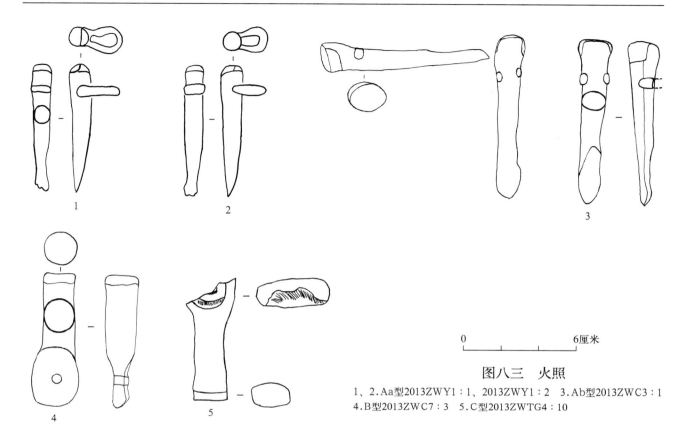

图八三　火照

1、2.Aa型2013ZWY1：1、2013ZWY1：2　3.Ab型2013ZWC3：1
4.B型2013ZWC7：3　5.C型2013ZWTG4：10

C型　整体呈圆柱形，一端捏塑成环。

2013ZWTG4：10，一端施黑釉。直径1.2、残长6.5厘米（图八三，5；彩版六四，9）。

第四章　窑址内涵与时代

渭头河窑址为一处大型近现代窑址群，通过地方志、工业志和民族学调查了解到该窑址于 20 世纪 80 年代逐渐停烧。通过此次窑址的考古调查、清理工作，揭露部分窑址烧造过程中相关遗存，印证相关资料、民俗材料记载的准确性，系统再现近、现代淄川地区瓷窑业的生产面貌，并获得部分直观认识。

（一）窑址主体内容

1. 明确历史上渭头河地区瓷窑址生产的主体内容

包括燃料、原料、生产、销售各个环节，渭头河窑址是山东地区目前唯一保存最完整、内容最丰富的、包含自明清延及近、现代的陶瓷烧造历史文物遗存，比较少见。

2. 再现渭头河窑陶瓷生产工艺

通过对渭头河窑址邻近地区历史上窑场分布的区域系统调查，包括北部的台头、龙口、南部的泉头、矾场等地区，渭头河窑址基本位于本地区窑址群的中心区域，集中反映出本地区陶瓷器生产的基本内容。可见淄川渭头河窑址是研究、展示、传承中国北方陶瓷加工工艺的重要文物遗存。

从本次发掘清理出泥浆池、晾泥池、沉淀池、水井等遗迹来看，整个发掘区基本可以组合成两套完整的陶瓷生产工序——包括坯料的粉碎、沉淀筛选、晾晒、拉坯成型、施釉烧造[1]。

制作间外部清理出摆放整齐的不同时期大缸，内部物质经判定为釉料。经向当地老陶瓷生产技师请教，大缸应为盛装釉料、施釉设施。其所处的位置，也从侧面说明料缸与制作间之间的早晚关系。

从丰富的口述资料来看，渭头河一带陶瓷烧造在原料加工上，过去一直用牛拉石碾粉碎原料、人工淘洗、沉淀泥料、脚踩、手捻制泥的加工方法（彩版二五）。陶瓷制品成型上，过去一直用腿蹬石轮手拉坯、人工注浆、太阳晾晒或地坑烘干的方式。在 20 世纪 60 年代前用直焰窑（馒头窑）烧成方式，烧成周期约 12 天左右。渭头河窑址现存遗迹及相关遗物均对此工艺有确切印证和展示。

3. 窑炉形制与建筑特点

本次发掘对两座窑炉内部堆积进行清理，完整再现北方地区常见的馒头窑结构，由窑门、火膛、窑床、烟囱等部分组成，顶部为小砖券砌穹窿顶，倒焰式烧成环境[2]。

---

[1]　周仁、李家治：《中国历代名窑陶瓷工艺的初步科学总结》，《中国古陶瓷论文集》，文物出版社，1982年，第287～306页。

[2]　熊海堂：《东亚窑业技术发展与交流史研究》，南京大学出版社，1995年。

建筑工艺方面，馒头窑穹窿顶的营造采用了中国古代传统的砖作叠涩结顶技术，叠涩结顶技术在中国始见于东汉时期，它是在拱壳发展过程中从拱壳顶矢高增大后的砌筑方式中变异而产生的。汉代以后，叠涩结构方式在砖塔顶、塔檐、门窗等部位普遍应用[1]。由于这种叠涩结构需要较大矢高，因此在明代大跨结构的广泛使用中逐步被淘汰专而用于屋檐、穹窿穹隅等局部部位。

渭头河窑址的两座现存馒头窑不仅采用了这样一种在明代以后就已鲜有用来结顶的叠涩结顶，并且其创新应用非常成功：窑内下部墙体及穹窿穹隅采用了厚度为 6 厘米的青砖，而顶部的叠涩穹窿则采用了厚度仅有 3 厘米左右的薄片砖进行叠涩垒砌，这使得穹窿顶的矢高控制在一个合理的高度之内，整个穹窿顶大致为半圆形形状，薄薄的砖块密密的层层叠涩。而其制作间二层（F2）的挑尖砖券不似中国传统砖作营造技术，反映了近代以来当地工匠对西方扶壁墙券砖作营造技术的吸收及应用，为山东地区建筑工匠对外来营造技术吸收、应用的实例，对于研究外来技术与当地营造技术的结合状况、传播途径具有非常重要的研究价值。

现存两栋制作间均为上、下两层，下层采用半地下式砖发券，冬暖夏凉，上下设有通风口，可以调节室温与湿度，充分而巧妙地利用自然能量，这些都体现了窑址在建筑和空间设计上的科学性和实用性。

（二）窑址分期与年代

通过对 2 栋制作间内部地面填土进行解剖（TG3、TG4），可知其堆积由下至上可分为三个层次，每阶段垫土之间铺垫一层质地纯净的黄土硬面，应为各个时期原建筑内活动面。

TG3 内部堆积可分为九层，但从质地看，又可分为三大阶段。

第一阶段：堆积第⑥～⑨层，时代应与 F2 建筑年代接近。

第二阶段：堆积第⑤层，为时代属于 20 世纪 50、60 年代的回填堆积。

第三阶段：堆积第①～④层，为时代属于 20 世纪 80 年代中期至今的回填堆积。

TG4 内地层堆积均为建筑垫层，根据地层性质、包含物可将四层堆积分为两阶段。

第一阶段：堆积的第③层，与 F1 建筑年代同期应为整个建筑的始建年代，即民国时期。

第二阶段：堆积的第②、①层，为整个建筑的使用阶段。其又可细分为两小段，以第②层层表黄土为界，整个建筑内部地面后期分为两部分。说明两栋建筑内部地面前期均经过三次修整、改造，大致经历三个使用期。

此外，参考 C2、CJ1 两处遗迹风格、建筑材料的差异，可将其使用过程归结为三个阶段。同时，结合丰富的口述材料，基本可将渭头河窑址烧造历史划分为三个时期，即：清代中叶至民国时期；中华人民共和国建立初至 20 世纪 60 年代；20 世纪 70 ～ 80 年代。

在清理二号水井时，出土一批胎釉特征较为接近的瓷器，判定其时代应集中于金元时期，从而将本地区瓷器使用甚或烧造年代大大提前，也为进一步探寻渭头河窑址早期内容提供一定的依据。

---

[1] 刘敦桢：《中国古代建筑史》，中国建筑工业出版社，2005年，第8、68页。

（三）后续问题

鉴于渭头河窑址的特殊现状，本次清理工作本着"保护为主，抢救第一"的原则，在不破坏原地表建筑前提下，新揭露出若干遗迹，进一步丰富对窑址的相关认识。同时，在清理过程中，也存在以下问题亟待解决。

1. 窑址始烧年代

综合各方面资料，可知窑址停烧年代为 20 世纪 80 年代，但窑址的始烧年代，特别是对现存地表的馒头窑、制作间等遗迹建造时间判定，缺乏充分材料。虽然渭头河村始建于宋代，自宋元始有制陶业，但是此次发掘除二号水井以外，未发现明确的早期遗存。所以，窑址范围内是否存在更丰富的早期遗迹、地层，还有待更进一步考古调查、发掘。

2. 渭头河窑址于淄博陶瓷史研究中所处历史地位

通过此次考古发掘，可知渭头河窑生产年代集中于清中叶至 20 世纪 80 年代，其产品特征与周邻寨里窑（北朝至唐代）、磁村窑（唐至元代）等存在一定的差别，但烧造时间前后相继，特别是二号水井出土金元时期瓷器，一定程度上填补渭头河窑址早期产品空白。所以，周邻窑址之间是否存在工艺相互借鉴、生产相互延续等，则需要更深入的探讨、研究。渭头河窑作为淄博地区时代偏晚的古代窑址，继寨里窑、磁村窑之后，成为本地区又一处陶瓷器生产中心，构建了完整的淄博地区古代陶瓷发展序列。

3. 二号水井的使用年代及性质

二号水井出土一批瓷器，主要为白瓷、黑釉瓷和大量的红陶片。其中，瓷器年代特征较相似，器形主要为罐、碗等，且出土时位置较集中。所以，对这批瓷器年代的判定及其反映水井的使用年代、性质，也是亟待探讨的问题。

4. 窑址后期的保护及利用问题

渭头河窑址虽然时代较晚，但保存状况良好，在北方地区乃至全国古代窑址中均属罕见。此次的清理工作，也更系统展示出北方地区瓷器烧造的流程。然而清理以后一个更严峻的有关遗址保护的问题，需要引发我们重视，对于窑址范围内相关遗迹及本地古代瓷器制作工艺，亟需合理地规划、保护。在大遗址保护的探索之路上，我们还有很长的一段路要走。

第五章　相关问题讨论

一　淄博地区古瓷窑址时空布局析论

淄博地区地处鲁中山地与华北平原过渡山前盆地，形成独立的水文地质单元。盆地及附近山区石灰岩分布广泛，熔岩地貌发育，地下水位丰富，从东、西、南三面丘陵向盆地汇聚，境内的孝妇河、淄河等由北境泄出。境域内矿藏资源丰富，煤、铁、瓷石、铝矾土、耐火黏土等储量大、分布广（图八四）。

自古以来，沿鲁中山地北麓为一条东西向大道，横越淄博盆地北部边缘，并与纵贯北部平原和盆地中央的南北支路正交。淄博市正处于南北、东西交通的枢纽处（图八五）。得天独厚的自然、地理环境与便利的交通，为淄博地区陶瓷器生产、流通提供优越的条件，使该地区成为山东地区的陶瓷手工业中心之一。

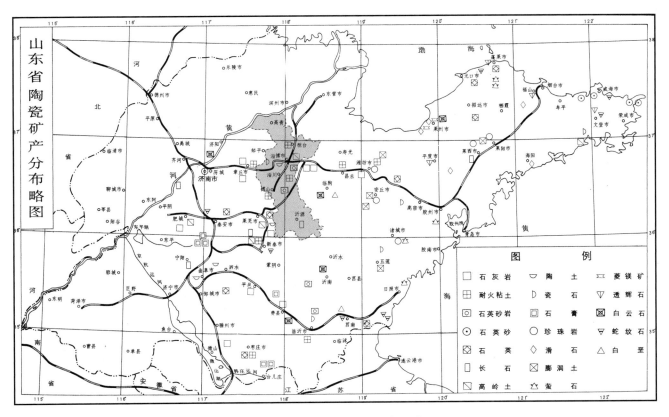

图八四　山东地区陶瓷矿产分布图

（引自《山东省志·陶瓷工业志》稍作补充）

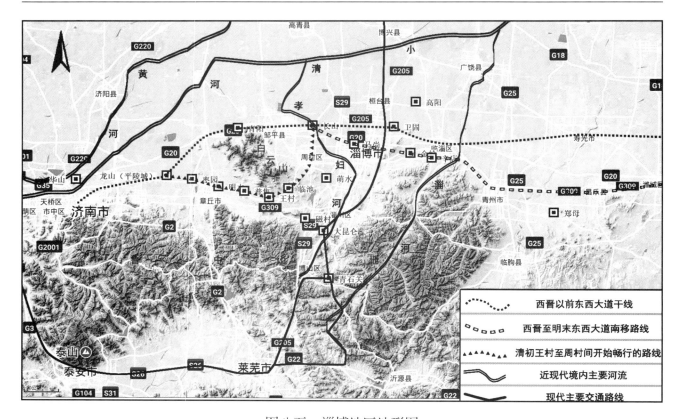

图八五　淄博地区地形图

(参照康熙三十一年《济南府志》之《邹平县舆图》和《长山县舆图》绘制)

（一）窑址发展概况

淄博地区陶瓷器生产历史悠久，种类丰富。史前时期，临淄后李官村、张店家子坡、桐林、宋家庄等遗址，均发现大量后李、大汶口、龙山文化时期陶器产品。结合历年来考古材料与笔者窑址调查，至迟北齐时期淄博地区瓷器生产从淄川区寨里镇寨里窑已开始烧造成熟青瓷器，此后历朝淄博地区各处都相继生产各类瓷器产品（图八六），具体情况如下：

1. 北朝时期

目前仅发现有寨里窑，位于今淄川区城东寨里镇寨里村东、村南至大张村北部分区域。其烧造年代主要介于北朝至元代，鼎盛时期为北齐至唐代。主要烧造各类青瓷器，后期也烧造部分白瓷器等。经调查窑址包括纪恩桥、顺道地、大张、甜水井、金盆、山头村西等地点。

2. 隋唐时期

这一时期主要窑址为磁村窑，位于淄川区磁村镇磁村南、村东和村北等地。其烧造年代介于唐代至金元时期，明代仍有烧造。唐代以黑釉瓷为主，次为青瓷、酱釉瓷、茶叶末釉瓷，釉色较纯正，器物主要有碗、盆、瓶等。宋金时期以白瓷为主，有少量青瓷，并施护胎釉，白度不高。胎以红胎为主，灰胎次之，少有白胎。白瓷以加绿点彩的装饰居多，大都施在碗的内壁近沿处。出土器物以碗最多，

图八六　淄博地区主要瓷窑址分布图

次为钵、罐、瓶等。金元时期以白瓷为主，黑釉瓷少见。出现了划花、剔花等装饰手法，出土的器物有碗、罐、碟、瓶等。窑址主要包括苹果园区、华严寺区、南北窑洼区等。

3. 宋元时期

淄博境内窑址数量大增，包括淄川区境内巩家坞、郝家、西坡地、中坡地、东坡地，博山区境内博山大街、南万山、北岭村、八陡等地均发现宋元时期始烧窑址。各窑址以烧造白瓷为主，兼烧酱釉、白地黑花、白地剔花、粉杠瓷、绞胎器等产品。

4. 明清以来

这一时期淄博地区瓷器制作中心从淄川区逐渐向博山区扩展。淄川区南部龙泉镇窑场并立，如渭头河窑址周邻至今仍矗立数座大型馒头窑，产品烧造年代最早至金元时期，一直延续至 20 世纪 80 年代。产品以酱釉瓷、黑釉瓷为主，器形包括大缸、碗、盘、陈设用具和各类工业陶瓷。

至明代中叶，颜神镇（今博山区）一地"陶者以数千"，今昆仑、北岭、山头、务店、窑光、八陡、西河等地均烧造瓷器。随着陶瓷器生产的发展，博山琉璃制造业也逐渐兴盛起来。至今，博山地区仍生产大量琉璃制品。

可以看出，淄博地区瓷器生产自北朝时期一直持续至近代，延续时间长，窑口众多。其中，以宋元、明清两个时期最为突出。各阶段窑址相互影响，兼容并蓄，共同形成淄博地区丰富的陶瓷文化。

（二）窑址时空布局特点

由于独特的地理环境和社会发展脉络，淄博地区古代瓷器手工业呈现出一定的时空布局特点：

1. 一脉相承，传承有序

淄博地区不仅有中国北方地区最早的青瓷窑址之一的北朝寨里窑和隋唐时期的磁村窑。在此基础上更是形成巩家坞、郝家、（西、中、东）坡地、博山大街窑、南万山窑、北岭村窑等大批宋元时期窑址。明清时期更是形成具有地方特色的渭头河窑、博山诸窑等。可以看出，淄博地区瓷器生产，从北朝一直延续至明清时期乃至现当代。期间，区域内各窑址此起彼伏，部分窑址如磁村窑烧造时间较长，其产品、技法不仅博采众长、兼容并蓄，更是深深影响到本地区后续各处窑址。可以说，淄博地区陶瓷器生产前后相继，各窑址之间相互交流紧密，构成完整的古代陶瓷发展序列。

2. 依托境内商路及主要交通，产品立足本地

从地理位置来看，除却早期的寨里窑[1]，淄博境内各处窑址均选址于主要交通路线和商品贸易场所。以宋元之际磁村窑为代表的西部窑址群为例，该区域地处王村至长山（东西向）、淄川至博山

---

[1] 自古以来，寨里镇以东沿淄河河谷地带有一条南北交通线，俗称"长裕道"。乾隆《博山县志》载："长裕一道，自莱芜达临淄，两山旁夹，淄水内流，长一百五十里。""长裕道在县东六十里，《左传》之中是也。鱼盐负贩，经此为多，山道往来，实为险要。"由于这条道路，斜穿丘陵山地，路长地险，过去并非通途。

（南北向）大道之间，境内还有孝妇河、范阳河等大型河流，往来水陆交通较为便利（实际上，淄博境内的淄河、孝妇河均为季节性河流，每年七、八月份为雨水最多的季节，约占全年雨量的一半，河流量的季节性变化较大。因此，雨季时，两条河流及其支流流量迅猛，枯水季节又常出现断流现象[1]。历史上，两河均不具备航运之力，反而经常洪涝成灾。因此，淄博地区自古以来往来交通方式，均以陆路为主，而该地区陶瓷器产品运输也不例外）。王村，介于鲁中山地与突出于北方的白云山之间，该地段为一处较为开阔的峡谷地带，王村就处于这条峪道的咽喉位置。蒲松龄在《王村募修路序》中曾提到："王村为郡邑通衢，冠盖之往来恒于斯，商旅之负贩恒于斯，无他歧可出焉者。而村之东，夹途而溪，三十年以来，途尚高，俯临溪，溪涓涓自逝耳。岁既久，轮所经辙深之，蹄所经尘扬之。"[2]从侧面说明这一时期王村向东乃是东西交通要道，其间行人、商贾往来较为频繁。往北可沿临池、南郊等镇直达周村、长山等地，进而折向山东半岛东部；往西经今章丘明水、龙山达到今济南市。此外，王村与淄川之间很早以来就有商业联系，古代该地区窑业中心之一的磁村窑，就是两者之间重要的贸易往来对象。《青州府志》记载："（磁窑务）西通章丘，去淄川二十里。"[3]而邻近的巩家坞、郝家等地，也大量烧造瓷器产品，与磁村窑形成风格类似的窑址群。通过境内主要商路，淄川地区陶瓷产品等源源不断直销当时章丘、历城等地，并远销山东半岛及北方其他地区。

　　南部的博山地区，自古以来便是鲁中山地往来北方平原的重要门户，其间的"青石关"——"两山夹立，而中通一道，山皆青石峭壁，奇险。关立山巅隘处，今南来商贾散于岱北诸境者，必经此关。"[4]反之，由北方平原经淄博盆地南去鲁中山地的商贾，亦经此地。博山地区天然资源丰富，自北宋就开始生产瓷器，旧日博山北岭村窑神庙碑刻中曾记载北宋熙宁年间当地已开始陶瓷器生产。明朝中叶地方官冯琦称："颜神（今博山）之山，厥土坟而埴，宜陶，陶者以数千，青（州）以西，淄、莱、新、益之间，斯一都会也。"[5]至今，博山陶瓷、琉璃产品都作为一种重要地方资源，行销国内外。因此，从所处位置而言，淄博地区古代瓷窑址均依附于境内主要交通路线，或本身即处于重要贸易集散地。

3. 自北而南，因地制宜

　　从淄博地区各处窑址发展时空布局来看，最早以淄川地区为中心，此后逐渐向南部博山境内扩展，而且时代越晚，扩展越普遍。北朝时期，寨里窑址开始烧造早期青瓷器，并延续至隋唐时期。此后，中南部地区的磁村窑开始烧造黑釉、酱釉、白瓷的瓷器品种。在此基础上，涌现出宋金时期巩家坞、坡地、南万山等处窑址群，产品规模空前扩大。至明代中叶，南部颜神镇（今博山区）一地"陶者数以千计"，民间经营十分可观。到清朝前期，博山地区陶瓷生产规模更加普遍，产品面貌各具特色。据《博山县志》记载："瓷器出北岭、山头、务店、窑光、八陡、西河诸处，为器曰碗、曰钵、曰罐、曰瓶垒、曰鱼缸、曰壶、曰尊缶。"又"博（山）疏土宜陶，因地而异。务店宜瓮及盆，土性坚也；然已不及时西河远甚。山头宜碗及杂器，土色亮也。八陡宜尝为之，而光不逮。八陡宜罐与瓶，其

[1]　淄博市城市建设局：《山东省淄博市水文地质资料汇编》，1967年。

[2]　路大荒整理：《蒲松龄集》上册，中华书局，1962年，第68页。

[3]　（明）嘉靖：《青州府志》。磁村，明以前称磁窑务，乃是原淄川区重要的集镇之一，宋代磁村陶瓷贸易比较发达，官方在此设立机构，管理陶瓷生产、贸易。

[4]　王荫桂，张新曾：《续修博山县志》卷一、二，中国文史出版社，2015年，第13～17、18页。

[5]　王荫桂，张新曾：《续修博山县志》卷一三，中国文史出版社，2015年，第48页。

质实也，以盛水浆，无渗漏焉。"各地根据自身的地质条件，烧造不同的陶瓷产品，形成风格迥异的产品特色。随着陶瓷业的发展，此后博山地区琉璃制造业兴盛起来。明清之际，此处还设有专官，主管制造供应宫廷使用的琉璃制品[1]。

　　从资源分布情况来看，这些窑址区均位于丘陵内河流的两岸或靠近水源地，附近均分布有煤矿或者距离矿区较近。例如寨里窑址东边紧邻淄河河谷，窑址附近早年还存在若干小型煤矿。磁村窑址邻近地区，孝妇河主要支流范阳河南北纵贯其间，为当地带来丰富的水力资源。此外，该地区矿产资源比较丰富，盛产瓷石（俗称白药石）、煤炭、焦宝石、铝矾土等。据早年参加磁村窑址发掘的张道洪同志介绍，该窑址在宋代已采用煤炭为烧制陶瓷器的燃料。此外，笔者于2015年年底前往磁村地区调查期间，在华严寺窑址区附近，发现一处废弃的早期采矿坑（内部结构不详）。经向当地居民和文物部门调查了解，此矿坑开采具体时间不详，但直到近代，当地居民还徒手进入坑内掏挖铝矾土、煤石等矿物，用作陶瓷器烧造。而且，从地质构造上看，淄川地区瓷土和煤层往往伴生，相互叠压。《续修博山县志》记载："邑窑业之始无考。相传自宋代即有用煤炭下层之土制粗罐、碗、盆，以供乡人需用者。"近代以来，淄博地区许多陶瓷厂仍然沿用煤炭层之上或煤炭之中的煤石做原料，并与石英石、长石等矿物配合烧造现代瓷器。而博山地区琉璃生产，早期主要是依托博山城南石马岱庄等地出产丰富的紫石，这是制作琉璃的主要原料。所以，淄博地区古代瓷器生产呈现一个自北而南，逐渐对本地原料利用的过程。

4. 窑址分布均沿淄博盆地南部边缘，毗邻历史上贸易场所

　　从地形上看，淄博盆地由南向北倾斜展开，犹如一巨型簸箕面向华北平原。盆地南部有两条南北走向山脉，其将今淄川区分为东、中、西三条南北狭长地带。今淄川通往南面博山、莱芜等地的国道205、省道29、省道235即是沿山间谷地开阔地带修建。淄博境内各主要窑址则分布于盆地南缘的淄川、博山山地之间。盆地西南部分布有磁村、巩家坞、郝家等窑址，根据考古调查，窑址均分布于山前低洼处，周邻环布众多小型山岭，整个窑址群坐落于半封闭山坳之间，地理单元较为闭塞（图八七），磁村窑址正好坐落于坳口处。磁村，明以前称磁窑务，清代改称磁窑坞。"务"在宋代包含两方面含义：其一指官设贸易机构来调控货物价格，即"市易务"或"博易务"；其二是指税收机关。《宋史·食货志》："商税，凡州县皆置务，关镇亦或有之"。磁窑务，应属本地税收机关性质，从侧面说明磁村于北宋年间已初具规模，作为当地主要的商贸场所。磁村往东紧邻昆仑镇，历史上昆仑镇（当地俗称大昆仑）作为淄川地区南部东西往来的主要中转站，东与龙泉镇相接，北与将军路街道交界，西与岭子镇接壤，南与博山区白塔镇相连，自古以来以交通便捷、资源丰富、手工业发达而著称。

　　盆地东南部则分布有渭头河、坡地、南万山、博山诸窑址。从地形上看，该区域均为海拔200米左右丘陵地带，窑址多坐落于平缓坡地之上，相关遗存均依地势分布（图八八）。笔者在历次窑址调查过程中注意到，邻近村庄的老式民宅，均大量采用各类窑具作为建筑材料。这一方面说明该地区陶瓷器生产具备一定的规模；另一方面也从侧面反映该地区居民对于陶瓷业的依赖程度。此外，由于本地区部分窑址区土地较为贫瘠，黏土、瓷石等原料面广量小，造成境内多数窑址瓷器生产时

---

[1]　（明）孙廷铨：《颜山杂记》记载："明洪武三年，其先人从枣强县迁入，列为匠籍。"说明当时博山地区民间手艺人已经存在编入官籍和未入籍两类。

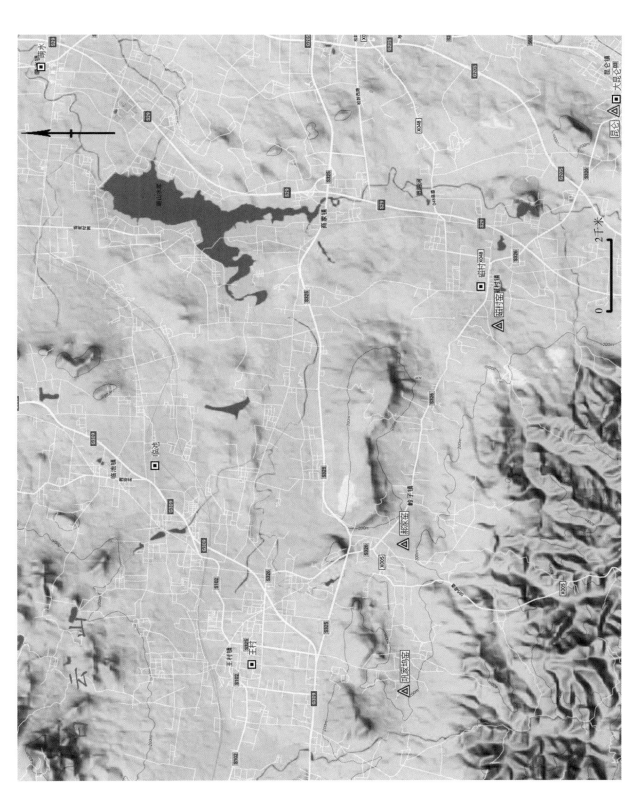

图八七　淄博盆地西南部地形及主要窑址分布

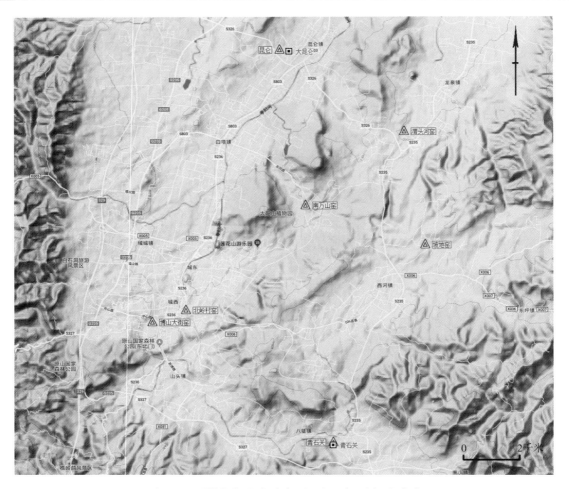

图八八　淄博盆地东南部地形及主要窑址分布

间较短，产品流布范围有限。此后，该地区陶瓷器手工业逐渐集中到博山地区。而此后的博山地区：
"禹石门外为西关街……西枕孝妇河为大街，长三四里，居民稠密，商货往来多由于此。北出大街，
渡流而西，民多业琉璃者，为西冶街。范河门北倚河滩者为北关街，中途东转者为北岭街，其民多
业瓷窑。河滩之西，起于叠道，北至沙沟，为税务司街，其民多贩瓷器。"[1] 俨然已成为一座手工业
繁盛和商品贸易发达的贸易中心。

5. 以大型窑址为中心，产品辐射周邻窑场

整体而言，淄博地区古代瓷窑址从规模上主要以宋金时期磁村、明清以来的博山地区最为显著。
两处窑址不仅规模巨大，其周围衍生出众多规模稍小的窑场，更是在烧造技法、产品类型上影响到
周邻地区各窑场，从而形成众多、时代风格相似的窑址。磁村窑址，虽至唐代就已开始陶瓷生产，
但其繁盛期还是处于宋金之际，生产各类白瓷、黑釉瓷、白釉黑花瓷器为主，在其影响下，西邻的
巩家坞、郝家窑址，东边的南万山、坡地等窑址均烧造风格类似的白瓷器等，其产品在种类上、胎
釉特征都具有较为相似之处。博山地区陶瓷器生产虽然起步较晚，但各地相互借鉴，因地制宜，不

---

[1]　乾隆十八年《博山县志》卷二下。

同区域生产出各具特色的产品。特别是陶瓷器的生产，也促进本地琉璃制造业的兴盛。至今，博山琉璃也是当地重要的手工产品。渭头河地区窑址生产，在吸收周邻地区窑业技术基础上，结合本地区瓷器生产原料特点，主要烧造各类酱釉、黑釉瓷器。渭头河大缸，作为当地各窑口主要产品，行销山东乃至北方各地，具有鲜明的地域特色。

（三）窑址时空布局原因探讨

淄博地区古代瓷窑址时空分布呈现出的特点，受到多方面原因影响，归结起来主要反映在以下三方面。

1. 瓷器生产自身的条件决定

自古以来，南、北方各大窑场生产选址均大同小异，该区域需具备丰富的水源、燃料，并且瓷土、高岭土等原料易于获取，既便于生产同时也便于瓷器的运输。这些基本条件，淄博地区古代瓷窑址的分布均已具备。

2. 地理条件的限制

淄博盆地周围均为丘陵与山地，地下水与地表径流从东、南、西三面向盆地汇集，然后北泄，从而造成盆地以内和北部平原大部地表均为较厚的黄土与冲积土，适于农耕。反之，也造成山前地区土地贫瘠，不适宜农作物生长。但该地区矿产资源丰富，煤、铁和重晶石等储量大、分布广，制陶、瓷原料更为普遍。特别是蕴藏丰富的铝矾土、焦宝石、石英石等，这也是长期以来淄博陶瓷生产的重要原料。所以，淄博地区历史上瓷窑址均沿盆地南部边缘分布，充分利用当地矿藏资源，并沿着山脉走势形成相对集中的窑址群。此外，由于盆地内河流均随季节性变化，盆地内主要河流都没有航行之利。而自古以来，瓷器运输均以水利为主，而淄博境内瓷器运输还是以路上运输为主，这也决定淄博地区瓷器流布范围有限，产品主要供应当地及邻近地区。

3. 民众商品意识的反映

自古以来，齐、鲁文化虽比邻而处，但文化指向不尽相同，鲁文化崇礼尚仪，而齐文化则义、利并重，通权达变。管仲曾创"设女间三百以安商旅"之举，始具现代商会之雏形。淄博地区乃齐文化中心区域，当地居民自古以来"通商工之业，便鱼盐之利"，粮食、布帛等均成为商品进入交换领域。特别是宋代以来，淄博地区所在的京东东路地区在国家财政中具有举足轻重的地位，宋人有所谓"齐鲁之富，甲于四方"的美誉。而邻近的河北等地，在粮食物质，财政供应等方面也都依赖山东，苏轼就曾多次指出："京东之地，所以灌输河北，缾竭则罍耻，唇亡则齿寒。"[1] 山东这种优越的经济条件，很自然的就把周边地区的许多民众吸引到山东来，他们或是经商，或是定居，或是暂住，构成了山东境内相当规模的外来移民群体。明代以后，随着陶瓷、琉璃、丝绸三大产业的兴盛，更进一步带动淄博地区经济，尽管该地区多山岭，气候条件也不适合耕种，但地下丰富的矿产资源却提供了更多就业机会，其中也包括本地区陶瓷器产业。

[1]　孔凡礼点校，（宋）苏轼：《苏轼文集》卷26"徐州上皇帝书"，中华书局，1986年，第758页。

（四）小结

作为古代山东地区重要瓷器产区之一，淄博地区陶瓷文化源远流长。随着近年来窑址考古和调查资料的丰富，其在原料筛选、生产方式、产品特征、流通途径等方面都呈现独特地域特征。从宏观上看，淄博地区古代各瓷窑址在时空分布上前后相继，并未受到资源变动、朝代更迭等主、客观因素而中断，各处瓷窑址此起彼伏，很好的传承本地区瓷器手工业。同时，淄博盆地独特的地理环境，也在一定程度上制约着瓷窑址多选址于矿藏资源丰富的南部山区，而山区相对闭塞的水文地理条件，使得各处窑址均毗邻当时主要贸易集散地，并通过历代陆上交通要道，输送各类陶瓷器产品。这也决定淄博地区各类陶、瓷器产品流布，主要限于本地或山东邻近区域，本节正是对淄博地区古代瓷窑址时空流布状况的系统阐释。

二　淄川渭头河窑址产品烧造工艺探究

渭头河窑址位于山东省淄博市淄川区龙泉镇，紧邻般河源头。淄川，古称般阳，境内资源丰富，瓷器烧造历史悠久。早在北齐时期，淄川境内寨里镇寨里窑就已经烧造了较为成熟的青瓷器。此后，磁村窑在唐代烧造黑釉瓷、酱釉瓷、绞胎等多种产品。宋金时期，磁村、博山地区诸窑址创造了淄博地区瓷器烧制的辉煌时期。渭头河窑址自清代开始烧造，一直延续至 20 世纪 80 年代，产品数量庞大，种类丰富。近年来的发掘与调查获得大量窑口标本，通过观察，本文欲对该窑址产品烧造工艺进行探究。

（一）成型工艺

1. 成型阶段

瓷器成型是指通过泥条盘筑、快轮拉坯、手工捏塑或模具模制等方式，将泥坯加工成所需器物形状的过程。从出土瓷器产品胎体裸露处所残留的制作痕迹看，渭头河窑址的成型技术以轮制拉坯成型为主，辅以手工捏塑，部分器物通过模具制成。

轮制拉坯成型是渭头河窑址最为常见的成型技术（图八九），借助轮盘快速旋转产生的离心力提拉塑形，主要见于碗、盘、钵、罐等器型较小的圆形器物。拉坯过程中，手指作用于旋转的坯体上，在部分器物胎体裸露处可以发现呈螺旋状分布的同心细凹弦纹（图九〇）。器物成型后，利用线状工具从器物底部切割，使坯体与轮盘分离，在器物底面可见明显切割痕迹（图九一）。拉坯成型的器物，器型较为规整、壁厚相对均匀，经过简单的修坯后即成完整的坯件。

捏塑成型技术，见于不规整器物的制作，在盘架、花架等大型器物以及器嘴、耳、把手等附属部位的制作中常见。器嘴、耳部、把手等附属配件的制作，应是将泥料搓成泥条状，器嘴则需利用管状器物从泥条中部穿孔，而后弯曲成所需形状，安装时在接触面蘸泥并抹平，增加牢固性。捏塑成型的坯件，器型不甚规整、壁厚不均匀且表面较为粗糙，附属配件上可见捏塑时或安装时手指在坯泥上留下的指印（图九二），大型器需要通过修坯使坯件更为美观实用。

模制成型主要见于法兰、管道、泵叶轮等部分工业用瓷。将坯泥放在按要求形状制成的模具里，晾干后取出便是成型坯件。模制成型方便快捷且器物形状基本一致，提升不规整器坯成型速度的同时，符合工业用瓷精准度较高的要求。通过模制成型的器物，形状规整且表面光滑，部分器物表面留有模具对接缝隙里残留的压线痕迹。

套接成型工艺是渭头河窑大缸的主要成型工艺，通过轮制拉坯将缸分段制成，而后套接在一起。缸是渭头河窑址主要产品之一，产品型号较为丰富，从器型大小来看，渭头河窑址缸可分为大一、大二、中一等。其中，大号、中号缸均采用分段套接成型工艺。一般将大缸的底部、腹部、口沿分为三段或四段拉坯，而后将各段套接成型。各段缸壁进行拼接时，使用两个锤子同时从内外壁捶打加固，一般内壁使用瓷锤（图九三）外壁使用木锤，捶打的同时在两段交接处补黄泥，使大缸各段连接的更为牢固（图九四）。

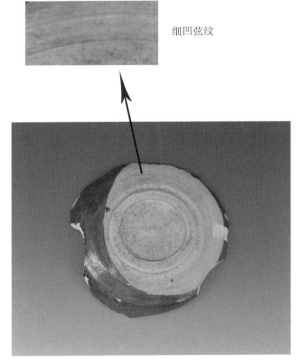

图八九　早期利用快轮拉坯场景

细凹弦纹

圈足切割痕迹

图九〇　细凹弦纹　　　　　　　　　　　　　　　图九一　圈足

按压指印

图九二　手指印

图九三　垫具

大缸外壁
捶打痕迹

图九四　大缸成形场景

2. 修整阶段

初步成型的器坯，还需进一步修坯、加工，使得器坯胎体厚薄均匀，表面光滑，形制更加规整，以减少烧制过程中因器壁厚薄不均匀导致器壁产生裂缝甚至破裂情况的发生，同时保证器物的美观与实用。

碗、钵等拉坯成型的器物，修坯时将坯件放置在轮盘上，借助轮盘的转动，使用刮削工具将坯件上多余的坯泥刮掉。制作足部时，将坯件倒置在轮盘上，在坯件底部中央削出圈足或在坯件底部修出假圈足。修坯中使用的工具在器身上留下了清晰规整且棱角分明的痕迹，从这些痕迹来看，应是利用片状工具在器身上定点，然后顺时针旋转轮盘，使工具削掉多余的坯泥。

捏塑成型的器物，器壁厚薄不均匀、器型不规整等问题较为常见。捏塑成型的坯体因其不规整的外形，无法利用轮盘转动来修坯，应是使用刮削工具将器壁上多余坯泥手动刮掉，将制作过程中在器壁上留下的手指捏痕修理平整，并使用工具进一步修整器型。经过修整后的坯件，器身形状规整、器壁厚薄均匀且表面更加细致。

泥料通过拉坯、捏塑、模制等方式初步成型，经过修坯改善初步成型坯件的实用性及外形，并增加坯件入窑烧制的成功率。经过拉坯、修坯，素坯完成后，需进一步进行装饰，使其更加美观。

（二）装饰工艺

1. 胎装饰

渭头河窑址出土器物常见的胎装饰类型主要有施化妆土、堆塑纹饰、镂空及印花等方式，其中施化妆土、堆塑纹饰较为常见。

渭头河窑出土的碗、钵等器物大都以素面施釉为主，施化妆土主要见于白瓷，且以碗、钵等器物为主。通过在胎的表面施一层白净细腻的化妆土，以掩盖胎体本身粗糙的质地和暗沉不均的颜色，施釉时再施一层透明釉（图九五）。入窑烧制后，透过透明釉，白瓷呈现出化妆土的颜色。

渭头河窑址出土的罐、缸等体型较大的器物上往往使用泥条作为装饰，装饰方法以贴塑为主，在坯体上预构出纹饰，然后将泥料搓成泥条贴于坯体上或使用袋状工具将泥料直接挤在坯件上，组成文字或图案，最后加固泥条使其牢牢固定于坯体上。最后在经装饰后的坯件表面施釉。

贴塑泥条装饰有纹饰、文字两种形式。有的纹饰或文字线条流畅（图九六），是在贴塑好的纹饰上，使用刻刀等工具修整出边缘的棱角；有些线条不太规整的文字（图九七），可能是贴塑线条

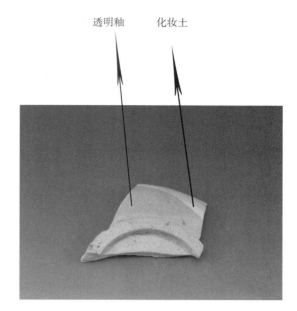

透明釉　　化妆土

图九五　白瓷化妆土

贴塑文字

贴塑文字

图九六　贴塑文字　　　　　　　图九七　贴塑文字

之后未经修整的结果。凸棱纹（图九八）则是将泥条直接贴塑在坯体上，或使用袋状工具直接将泥料挤于坯体上。

贴塑纹饰时使用的泥条有两种，一种是与胎体同样的泥料，将泥料直接贴塑于坯件表面后施釉，釉料覆盖于纹饰之上。另一种是贴塑化妆土，在施釉后的坯件上贴塑化妆土，再施透明釉，烧成后纹饰部分的化妆土较坯体的颜色浅，有更为明显的层次感（图九九）。

渭头河窑大缸表面都有纹饰，常见纹饰有龙、凤纹，辅以少量文字。当地人将其称为"龙缸"，其纹饰线条流畅、构图精美。龙缸素坯先施酱釉，在坯体上作图描边，然后在画好的图案上贴塑化妆土，并加固使其牢固的附着在坯体上。龙纹上的鳞片，是使用波浪状的戳印工具，在化妆土未干透时戳印上去的（图一〇〇）。纹饰上的装饰线条，是使用刻划工具在化妆土上刻划而成。贴塑完化妆土的龙缸通体施透明釉，入窑烧制后，坯体呈酱釉色，纹饰呈现化妆土的米黄色。

印花或绳纹。印花和绳纹往往是交叉叠压印在坯体上，可见应是采用带有印花的模子，在坯体没干时印在器物的内壁上。而通过模具翻模制成的器物，可能在内模上印有纹饰，在翻模的过程中直接形成纹饰。渭头河窑址出土的印花或印有绳纹的器物数量较少，且主要见于体积较大的器物内壁。

镂空装饰。凳、"婆婆"是渭头河窑较为常见的器物。"婆婆"是渭头河窑烧制的儿童座椅（图一〇一），以镂空（图一〇二）作为装饰，在已成型的坯体上，使用刻刀剔刻镂空，或使用中空的镂空工具，在坯体上戳出一个个的镂空而成。

2. 釉装饰

施釉是利用各种手段，将釉料作用于器物表面，达到一定的装饰、保护效果。渭头河窑出土的器物大都施釉，且内外皆施釉的现象较为普遍。具体来看，可分为三种情况。

（1）外壁满釉

吹釉、刷釉、浇釉是外壁施满釉器物的主要施釉方式。吹釉是采用中空的管状工具，在其一端蒙上纱布，蘸入釉料内，然后将釉料吹在大缸表面；刷釉是用刷子蘸取釉料，均匀地刷在器物表面。这种吹釉或刷釉的上釉方法，会使得釉层厚薄均匀且规整。渭头河窑址的大缸普遍是内外施满釉。大缸的体积较大，不适合蘸釉或荡釉等施釉方式，应是采用吹釉或刷釉的方式上釉。也有部分器型较小的器物外壁施满釉，"暖婆婆"是当地人称呼这种陶坛（图一〇三）的名称，可将其装上热水用来取暖，"暖婆婆"外壁通体施釉，仅口沿处未施釉，可能是使用工具将其倒立放置，然后通过吹釉、刷釉或者浇釉的方式给坯体上釉。

龙瓶是器型巨大的装饰性器物，其外壁施满釉，因其体型巨大，应是采用浇釉的方式施釉。窑工站在高处，将釉料直接倒在坯体上，通过多次浇釉使釉料附着在整个龙瓶的外壁。采用浇釉的方式施釉的器物，釉层较厚且底部流釉现象比较明显。

（2）内壁满釉，外壁半釉

内壁施满釉，外壁施半釉的现象在渭头河窑址十分常见，以碗、罐等小型器物为主。外壁施釉不及底，釉线呈不规整的波浪形，相当数量的器物有流釉现象（图一〇四），可以推测外壁是采用蘸釉的方式给坯件上釉，即将器物倒着蘸进釉料内，使釉料附着在坯体上，流动的釉料会在坯体表面留下呈波浪形的釉线，蘸釉后坯件表面未完全吸收的釉料流下来，形成流釉现象。内壁采用荡釉的方法施满釉（图一〇五），部分器物的内底部有积釉的现象，将釉料放入器物内摇晃使釉料均匀

贴塑
凸棱纹

图九八 贴塑凸棱纹

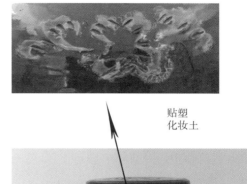

贴塑
化妆土

图九九 贴塑化妆土

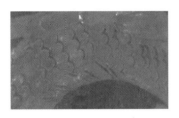

贴塑龙纹
戳印鳞片

图一〇〇 戳印龙纹

图一〇一 镂空婆婆

图一○二　镂空装饰　　　　　　　　　　　图一○三　满釉陶坛

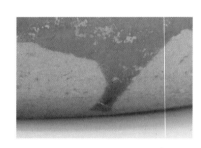

流釉现象

图一○四　流釉现象　　　　　　　　　图一○五　内壁满釉外壁半釉

地附着在内壁上后，将多余的釉料倒出，残余的少量釉料会流到底部，造成积釉的现象。

（三）装烧工艺

在装烧工艺上，渭头河窑址历次考古工作中发现大量与烧造有关的窑具，种类丰富，形制各异。

通过装烧具上呈现出的细微痕迹，可以初步判断渭头河窑址各类器物装烧的基本方式。根据不同的使用对象，包括支烧具、间隔具、匣钵、火照四类：

1. 支烧具

支烧具主要用于器物在烧造过程中，起支撑作用，支烧具的使用，一方面使坯件离开了灰尘较大的窑床，处于更洁净的环境中，同时，高度的增加使器物处于窑室的高温位置。另一方面，窑床表面的空隙增加，有利于窑炉内火焰的流通。渭头河窑出土支烧具分三型。

A 型　支柱。以实心支柱为主（图一〇六）。支柱的两端，与坯件接触的一端，表面较为平整，部分支柱的表面残留有釉，有的表面残留着黏连器物的底部。与窑床接触的一端，为增加支柱的稳定性，制作成喇叭形，部分接触面上残留有沙粒。可见器物在烧造过程中，支座垂直放置于窑床之上，呈喇叭状一端朝下，另一端放置坯件。支柱的使用，提高了窑炉内的烧制环境与质量。

B 型　碗形支烧具。渭头河窑址最为常见的窑具之一（图一〇七），形制基本一致，整体呈覆碗状。器物外壁较粗糙且有烧烤痕迹，内壁比较洁净。根据其顶部差异，又可分为两亚型。

Ba 型　顶部穿孔。

Bb 型　顶部不穿孔。

部分碗形支具外壁、口沿、足底常常残存有胎釉（图一〇八），外壁有明显的火烧痕迹，在口沿处颜色较深且表面更粗糙，足部的颜色较浅表面相对细腻，可见它使用时应是倒扣放置的，由口沿和足部距离火焰的远近造成火烧痕迹的差异。每个支烧具表面的烟熏火烤产生的粗糙程度和颜色不同，应是放置在窑室不同位置，与火焰的距离不同导致的。部分碗形支烧具的口沿和足底都残留

图一〇六　实心支柱

图一〇七　碗形支烧具

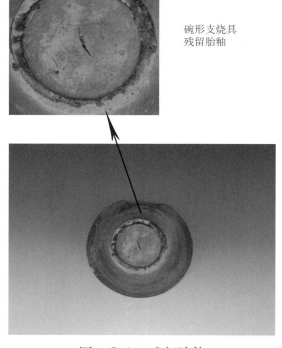

碗形支烧具
残留胎釉

图一〇八　残留胎釉

图一〇九　随形支具

有釉，可能也兼有垫烧具的作用。从碗形支烧具表面残留的胎釉及火烧程度各异的现状来看，碗形支烧具的使用方式较为灵活且适用范围较为广泛，根据坯件的差异来调整使用的方式。

C 型　随形支具（不规则形状支具）。渭头河窑址出土了大量的随形支具，这部分窑具形状均不规整，大小各异，且均为一次性使用（图一〇九）。采用手工捏制而成，器身可见明显的手工捏制痕迹。从形制上推测，其主要作为一种辅助性支具，针对一些体型较大的器物或匣钵，根据入窑时所需支具的大小及形状随形捏制而成。

2. 间隔具

间隔具是作为烧制过程中用来弥补瓷器胎、釉缺陷的一种工具，采用不同方式、工具来防止烧造过程中器物相互黏结，以保证产品的成品率。在渭头河窑产品烧造过程中使用较频繁。针对不同对象，渭头河窑主要采用三种间隔方式。

第一种：涩圈间隔，主要针对碗、盘、钵等内壁施釉的器物，部分罐也采用涩圈间隔。由于釉料在高温环境下会产生黏连现象，因此器物在叠摞烧制时，需将接触面的釉料刮除，形成涩圈，叠放时将不施釉的碗底放在涩圈上，以避免器物烧制后黏连在一起，这种烧制的方法叫作刮釉叠烧（图一一〇）。

渭头河窑酱釉、黑釉碗普遍采取刮釉叠烧的方式，通过碗底上刮釉时工具与坯体摩擦留下的涩圈痕迹（图一一一）可以看出，刮釉时应是将碗放在转盘上，用片状工具在碗上定点，利用转盘的转动刮掉釉层形成涩圈。

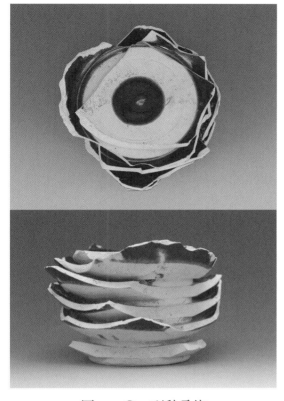

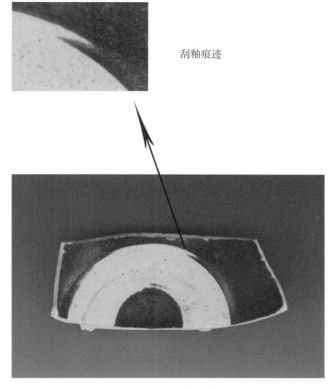

刮釉痕迹

图一一〇　刮釉叠烧　　　　　　　　　　图一一一　修坯痕迹

第二种：采用垫饼、沙粒等几类垫烧具。

渭头河窑址出土的碗，大都外壁施釉不及底，内施满釉。

采用沙粒垫烧主要见于白瓷碗，在其内底及圈足底部可见一圈或几小撮沙粒的痕迹（图一一二），是叠烧时在两个器物的接触面上用小沙粒作为垫烧具，防止在烧制过程中釉发生黏连。沙粒的痕迹十分清晰且整齐，应是在叠摞放置时，把器物的圈足底放在沙粒上蘸取沙粒，然后叠放在另一个碗上。采用沙粒垫烧的白瓷碗，内壁施满釉，更加美观。

垫饼主要用于装置匣钵时，在匣钵的底部先放置一垫饼（图一一三），然后再将坯体放在垫饼上，一来避免坯体和匣钵的黏连，二来方便器物的装取，也可以避免烧制过程中因收缩率不同而造成坯体的变形。

第三种：叠烧与组合烧造。

叠烧是渭头河窑最为常见的装烧方式，不仅见于碗、盘的刮釉叠烧，部分体积较小的罐也采用对口烧、覆烧等叠摞方式烧制。内施满釉，外壁施釉不及底，口部有芒口是对口烧或覆烧器物的特征，因将口沿处的釉刮掉以防黏连；还有匣钵叠烧等等。叠烧的组合随意，应用广泛。窑工根据器物大小，将罐、匣钵等叠摞在一起烧制，充分利用窑炉内的空间。

组合套烧在渭头河窑较为常见，从部分体积较大的罐内底的刮釉痕迹或沙粒可看出（图一一四），是将体积较小的器物放入罐内套烧，从而大罐就变成了体型较小器物的匣钵，这些被大罐套烧的器物，外壁皆洁净光滑，而裸烧的大罐外壁，尤其是底部烟熏火燎的痕迹十分明显。组合套烧利用器物之间大小的差异叠摞在一起装烧，充分利用了窑炉内的空间，增加了烧制数量。

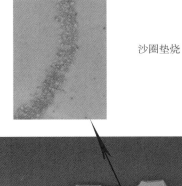

沙圈垫烧

图一一二　沙圈垫烧

图一一三　垫饼

3. 匣钵

匣钵是装烧瓷器的窑具。将瓷器放置在匣钵中烧制可以保护瓷器免受窑室内的污染，使瓷器的釉面洁净光亮；匣钵坚固的胎体还可以增加叠摞的数量，更好地利用窑室的空间（图一一五）。可分为两型。

A 型　筒状匣钵。直壁，口微敛，腹微鼓，底部中央有一穿孔（图一一六），装烧体积较小的碗、盏和罐等器物（图一一七），底部的穿孔可以增加空气的流动，筒状匣钵在叠摞装烧的同时，与其他器物组合叠摞，在其口沿处发现有残留的胎釉（图一一八），应是在筒状匣钵上叠摞器物残留所致（图一一九）。

B 型　钵状匣钵。整体呈折腹平底钵状，腹部斜收，平底（图一二〇），钵状匣钵的内部空间较为低矮，应是单件或是盘等低矮的器物少量叠烧（图一二一）。钵状匣钵可以与上下匣钵准确的吻合，从而层层叠摞增加窑室空间的利用。

叠摞匣钵的数量较多或匣钵不甚稳定时，在匣

罐内底部残留沙粒

罐内底部沙圈

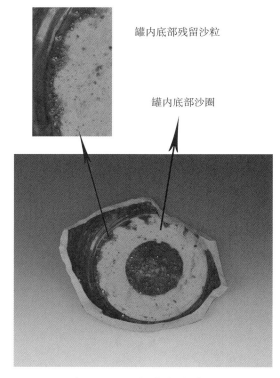

图一一四　大罐套烧痕迹

图一一五　早期装窑情景

图一一六　筒状匣钵

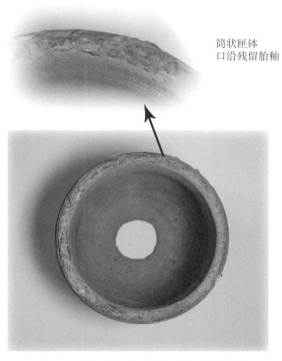

筒状匣钵
口沿残留胎釉

图一一七　筒状匣钵口沿残留胎釉

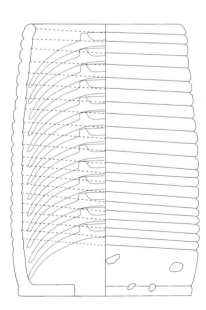

图一一八　筒状匣钵装烧示意图

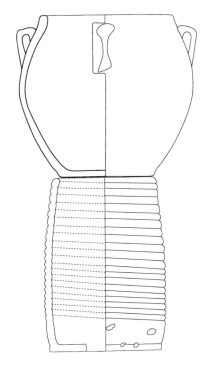

图一一九　筒状匣钵叠摞装烧示意图

图一二〇　钵状匣钵

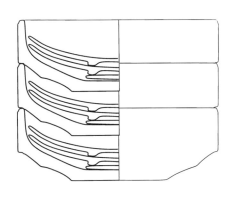

图一二一　钵状匣钵装烧示意图

图一二二　随形支具

钵之间的空隙内会塞上随形支具起支撑作用（图一二二），避免发生倾塌。

4. 火照

渭头河窑址出土的火照有三型。

A 型　整体呈蜻蜓状（图一二三），头部有一圆环。

B 型　整体呈圆柱状，一端穿孔（图一二四）。

烧窑前将火照放在窑室内，在烧造的过程中可以用钩子将其取出根据其烧制的情况判断窑温和

图一二四 试火具

图一二三 蜻蜓状试火具

图一二五 饼状测温泥条

器物烧制的情况。

C型 饼状测温泥条（图一二五），使用耐火土制作一个圆饼状的底座，并在其上用手指按压出一个凹面，将带釉的泥条放在其上，和坯件一同放入窑中烧制，窑工可以通过观察泥条，判断窑内的温度及坯件的烧制情况。

（四）窑炉

渭头河窑址保存比较完整的馒头窑，形体巨大，结构规整，燃烧室在窑门入口处，设有炉栅，上为火膛，下为落灰坑，出灰口在其左侧，便于出灰和通风；两个烟囱和吸火孔位于窑室后壁，火焰根据风的走向，先向上到达窑顶之后倒回窑床笼罩窑室内的器物，然后经过窑床流向吸烟孔，这种半倒焰的馒头窑，充分利用了火焰和气流的走向，使热量得到充分地利用。烧窑时，窑门用砖和泥封住，并留出投柴孔。火眼位于窑室后壁上方，将火照放在这里，方便烧窑过程中取出观察。

此外，龙瓶是渭头河窑址极具代表性的产品，其体型庞大，纹饰繁复，龙纹是其装饰题材的主体，故称之为龙瓶。龙瓶是在单独的窑炉内烧制而成的，前期使用煤作为烧造燃料，后期使用天然气作为燃料，保持了窑炉内环境的清洁，因此裸烧的龙瓶表面较为光洁。装烧时，由窑工们合力将坯件直接放置在窑床上，而窑床表面上高低不平的位置，可能由窑工用耐火泥随手捏制的随形支具塞在龙瓶底下，以防窑床表面不平坦而使龙瓶在烧制过程中发生歪斜。

（五）近代制瓷工艺

随着近代工业技术的发展，工业制瓷被引入到渭头河窑址。在制瓷工艺中最为费时费力的泥料加工环节使用机械，大碾粉碎机、雷蒙粉碎机先后引入渭头河窑址，代替了传统的人力。这些机械将瓷石块粉碎成粉，粉碎后的瓷石粉过筛，粗粉要再加工，细粉可直接用于调配泥料。经过初步加工的泥料不能直接用于制作坯件，需要通过不断地搅动揉捏来排除泥料内的多余空气、增加泥料黏性，传统练泥是人工手揉脚踩的方式，真空练泥机代替了传统的练泥方式，将初步加工成的泥料倒入真空练泥机中，通过机器的不断搅拌揉压，制成可以用于拉坯的泥料。大碾粉碎机、雷蒙粉碎机和真空练泥机取代了制瓷流程中人力消耗较大的泥料加工工作（图一二六、一二七），大大提升了制瓷的效率。器物成型（图一二八）入窑等制瓷流程陆续工业化，为渭头河窑注入了新鲜血液。

图一二六　机械粉碎瓷土过程

图一二七　机械练泥过程

图一二八　机械修坯场景

（六）小结

从为制瓷提供水源的水井，到加工泥料的石碾、泥浆池、晾晒池、沉淀池，直至完成烧制工作的馒头窑，渭头河窑是一处保存比较完整的窑址。这里出土了相当数量的瓷器及其残片，也出土了大量的窑具。碗、盅、盆、罐、缸、瓶等不同种类的瓷器，展现了先人火与土的创造力。形形色色的窑具以及残留在瓷器身上的烧制痕迹，从侧面反映了制瓷的工艺。传统制瓷工艺在渭头河窑得到发展的同时，近代工业文明为制瓷业注入了新鲜的血液，使渭头河窑得到了更大的发展。

渭头河窑址出土的瓷器、窑具及其上残留的相关痕迹，为解读了器物的制作工艺和窑具的运用提供了证明。渭头河窑大部分器物采用拉坯成型，成型后的坯体经过修整，坯体表面有拉坯、修整留下的凹弦纹。器型较大的器物上多有装饰，以贴塑为主要的装饰工艺。装烧时主要采用支烧、匣钵装烧、叠烧等方式，匣钵、窑具在其中发挥了重要作用。渭头河窑址制瓷工艺的研究，为解读山东地区古代瓷器生产提供了翔实材料。

附录一　渭头河窑址产品化学成分检测报告

孙华勇　马瑞文

（山东博物馆）

渭头河窑址位于山东省淄博市淄川区龙泉镇渭一村淄博兴利陶瓷有限公司院内，原为国营山东淄川陶瓷厂。由山东大学历史文化学院考古学系与淄博市文物局、淄川区文物事业管理局和博物馆联合组织相关人员，于 2013 年 10 月 16 日至 12 月底对窑址进行整体清理、试掘工作。窑址地表现存 3 座馒头窑、两栋制作间。清理出泥浆池 4 个、晾泥池 3 个、二次沉淀池 3 个、水井 2 口等，出土大量各时期遗物，包括瓷器（片）、窑具、陶器（片）等。渭头河窑址虽然时代较晚，但保存状况良好，在北方地区乃至全国古代窑址中均较罕见。为了加深对渭头河窑址的产品特征、化学组成等的认识，同时为其他研究者提供可对比的化学组成，选取了部分瓷片、窑具样品，进行了化学成分分析，实验的数据和分析结果如下。

一　实验部分

渭头河窑址出土陶瓷标本大部分为酱釉瓷片，少数黑釉瓷片和白瓷片，也有少量窑具残片和青花瓷片。根据所有陶瓷标本的总体情况，选取了 5 类标本。

第 1 类：白瓷片。釉色白中泛黄，选取了 5 片，编号 1 ～ 5#。

第 2 类：黑釉瓷片。釉层较浅的边缘部分与酱釉颜色类似，选取了 6 片，编号 6 ～ 11#。

第 3 类：酱釉瓷片。该类瓷片数量最多，选取了 19 片标本，编号 12 ～ 30#。除 24#、25# 胎色泛红外，其余胎色为灰白色。

第 4 类：窑具残片。包括垫烧具，火照等，选取了 6 块，编号 31 ～ 36#。

第 5 类：青花瓷瓷片。数量较少，选取了 3 片，编号 37 ～ 39#。

对以上 39 片标本我们采用 X 射线荧光分析仪器进行成分检测分析，检测原理为：试样受到 X 射线照射后，其所含元素的内壳层电子被激发逐出原子从而引起外壳层电子的跃迁，并激发出该元素特有的特征 X 射线。通过测量式样中特征 X 射线的波长或者能量，便可得知元素的种类，根据其强度，

图 1-1　帕纳科 E-1 台式能谱仪

便可计算出该元素在样品中的百分含量。本次检测设备为台式能谱仪（图1-1），品牌型号为帕纳科E-1 使用银靶/Rh靶，硅漂移探测器能量分辨率<140eV。单个标本检测时间为21分钟左右。由于设备无法抽真空，Na元素和Mg元素无法测出。

二　实验结果与分析

1. 瓷胎化学成分

中国的制瓷行业往往选择就地取材的方式，选择较好的瓷土或高岭土作为胎料。由于不同地域母岩形成机理以及风化程度不同，不同地区的瓷胎在化学成分方面存在一些差异。比如中国南方石英–云母系高硅低铝的胎质与北方二次沉积黏土或高岭土和长石瓷胎所呈现的高铝低硅的胎质存在明显地区差异。渭头河窑址产品瓷胎的主量元素、微量元素组成见表1-1、1-2。

表1-1　瓷胎主量元素（%）

品种	编号	Al_2O_3	SiO_2	SO_3	Cl	K_2O	CaO	TiO_2	Fe_2O_3
白瓷	1	35.365	56.041	0.257	0.509	2.672	0.815	1.466	2.65
	2	30.937	58.41	1.021	0.435	3.202	1.408	1.532	2.749
	3	33.209	55.625	2.131	0.373	2.802	1.623	1.416	2.556
	4	31.506	56.781	1.163	0.206	2.804	3.326	1.3	2.642
	5	33.62	54.898	2.93	0.34	2.657	1.223	1.407	2.697
黑釉瓷	6	31.766	58.686	0.446	0.278	2.865	1.717	1.443	2.551
	7	26.809	58.843	0.586	0.405	3.1	6.219	1.3	2.433
	8	28.637	64.107	0.05	0.181	2.867	1.002	1.116	1.864
	9	32.493	59.012	0.039	0.123	2.635	0.708	1.589	3.167
	10	26.381	64.045	0.542	0.255	3.762	1.038	1.475	2.26
	11	32.245	58.363	1.128	0.177	2.904	0.775	1.506	2.653
酱釉瓷	12	29.872	62.515	0.037	0.15	2.944	0.741	1.209	2.328
	13	31.965	59.912	0.062	0.107	2.422	1.016	1.589	2.676
	14	28.071	56.704	3.133	0.581	3.583	2.92	1.489	3.211
	15	31.712	56.898	1.325	0.219	2.757	1.526	1.413	3.673
	16	29.928	62.802	0.037	0.113	2.737	0.583	1.338	2.239
	17	39.299	50.391	0.408	0.22	2.44	2.157	1.7	3.099

品种	编号	Al₂O₃	SiO₂	SO₃	Cl	K₂O	CaO	TiO₂	Fe₂O₃
酱釉瓷	18	34.492	55.89	0.398	0.245	3.241	1.424	1.619	2.417
	19	35.441	57.741	0.034	0.103	2.465	0.489	1.444	2.028
	20	29.52	61.427	0.042	0.1	2.831	0.678	1.251	3.886
	21	29.689	61.937	0.024	0.134	2.474	1.229	1.333	2.954
	22	29.416	62.224	0.168	0.212	3.066	1.311	1.128	2.248
	23	28.177	62.838	0.143	0.275	3.468	1.039	1.238	2.581
	24	31.566	59.89	0.059	0.151	2.023	1.092	1.392	3.554
	25	34.605	54.723	0.064	0.151	1.602	1.17	1.915	5.481
	26	30.687	62.17	0.034	0.094	2.71	0.546	1.315	2.233
	27	31.387	61.492	0.021	0.119	2.588	0.48	1.383	2.303
	28	31.33	60.992	0.098	0.173	2.588	1.076	1.242	2.285
	29	32.196	58.672	0.026	0.097	2.051	0.667	1.559	4.478
	30	27.06	63.105	0.063	0.235	3.111	2.067	1.339	2.771
青花瓷	37	29.05	61.864	0.222	0.189	2.569	0.772	1.2	3.778
	38	28.444	61.843	0.119	0.303	2.699	1.82	1.451	3.016
	39	30.658	63.426	0.044	0.2	2.425	0.683	1.074	1.276

表 1-2　瓷胎微量元素（%）

品种	编号	V₂O₅	Cr₂O₃	MnO	NiO	CuO	ZnO	BaO	PbO
白瓷	1	0.041	0.020	0.003	0.006	0.005	0.004	0.030	0.002
	2	0.047	0.020	0.010	0.009	0.011	0.007	0.035	0.007
	3	0.042	0.019	0.010	0.009	0.009	0.008	0.036	0.005
	4	0.040	0.017	0.006	0.007	0.009	0.005	0.046	0.003
	5	0.044	0.020	0.007	0.006	0.006	0.004	0.033	0.002
黑釉瓷	6	0.045	0.020	0.006	0.005	0.005	0.003	0.027	0.004
	7	0.039	0.015	0.009	0.006	0.008	0.005	0.051	0.004
	8	0.037	0.013	0.007	0.004	0.004	0.003	0.000	0.002

品种	编号	V_2O_5	Cr_2O_3	MnO	NiO	CuO	ZnO	BaO	PbO
黑釉瓷	9	0.050	0.021	0.006	0.007	0.006	0.003	0.000	0.003
	10	0.041	0.018	0.006	0.007	0.006	0.004	0.031	0.003
	11	0.045	0.021	0.004	0.006	0.006	0.004	0.029	0.003
酱釉瓷	12	0.037	0.014	0.006	0.005	0.007	0.003	0.027	0.003
	13	0.052	0.021	0.006	0.008	0.004	0.005	0.024	0.003
	14	0.050	0.020	0.021	0.007	0.006	0.005	0.036	0.003
	15	0.047	0.020	0.007	0.007	0.006	0.004	0.033	0.004
	16	0.045	0.018	0.006	0.005	0.006	0.004	0.029	0.003
	17	0.039	0.026	0.009	0.005	0.007	0.005	0.038	0.004
	18	0.050	0.023	0.008	0.008	0.008	0.003	0.038	0.003
	19	0.042	0.017	0.006	0.005	0.003	0.002	0.022	0.005
	20	0.041	0.017	0.003	0.007	0.006	0.004	0.037	0.004
	21	0.047	0.019	0.010	0.007	0.006	0.003	0.024	0.003
	22	0.029	0.013	0.012	0.004	0.004	0.003	0.030	0.002
	23	0.037	0.014	0.016	0.006	0.006	0.004	0.032	0.004
	24	0.050	0.022	0.010	0.008	0.006	0.004	0.025	0.003
	25	0.076	0.036	0.008	0.012	0.007	0.002	0.000	0.004
	26	0.037	0.015	0.007	0.006	0.005	0.003	0.024	0.003
	27	0.038	0.017	0.005	0.006	0.005	0.002	0.028	0.004
	28	0.034	0.014	0.013	0.005	0.005	0.005	0.028	0.003
	29	0.060	0.025	0.008	0.010	0.005	0.003	0.023	0.003
	30	0.037	0.015	0.017	0.006	0.007	0.004	0.029	0.004
青花瓷	37	0.028	0.015	0.026	0.078	0.03	0.004	0.032	0.004
	38	0.033	0.014	0.013	0.014	0.006	0.001	0.059	0.003
	39	0.03	0.011	0.007	0.007	0.004	0.002	0.033	0.003

1.1 瓷胎中 Al_2O_3 和 SiO_2 的含量

通过对渭头河窑址瓷片标本的瓷胎的分析检测，发现瓷胎中的 Al_2O_3 多数在 27% ～ 36%，而 SiO_2 多数在 50% ～ 65%，符合中国北方大部分地区高铝低硅的瓷质特征。

渭头河窑址瓷片标本的瓷胎的 Al_2O_3、SiO_2 的散点图如图 1-2 所示。Al_2O_3、SiO_2 箱体图如图 1-3、1-4 所示。可以看出，不同品种的瓷器的瓷胎成分有所不同，白瓷瓷胎中 Al_2O_3 偏高而 SiO_2 偏低，黑釉瓷器和青花瓷器瓷胎中的 Al_2O_3 偏低而 SiO_2 偏高。酱釉瓷器瓷胎中上述两种成分波动较大。

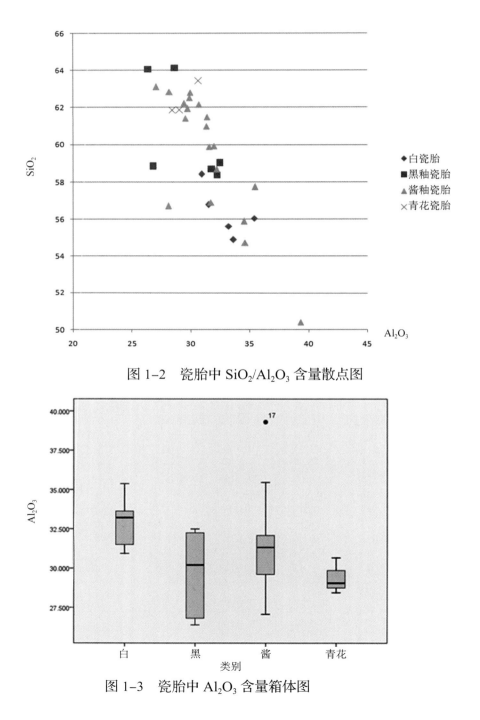

图 1-2 瓷胎中 SiO_2/Al_2O_3 含量散点图

图 1-3 瓷胎中 Al_2O_3 含量箱体图

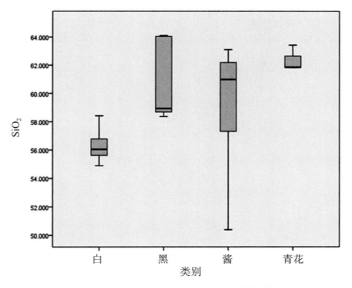

图 1-4　瓷胎中 SiO_2 含量箱体图

1.2　瓷胎中 Fe_2O_3 和 TiO_2 的含量

陶瓷的化学组成中，铁、钛都是呈色元素，瓷胎中 Fe_2O_3 和 TiO_2 含量越高，瓷胎的颜色越深，反之则瓷胎越白。渭头河窑址瓷片标本的瓷胎的 Fe_2O_3 和 TiO_2 的散点图如图 1-5 所示。Fe_2O_3 箱体图见图 1-6，TiO_2 箱体图见图 1-7。

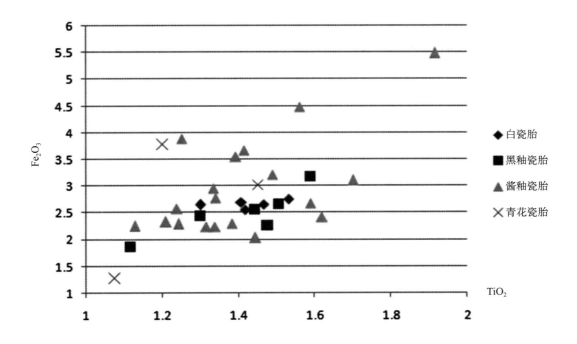

图 1-5　瓷胎中 TiO_2/ Fe_2O_3 含量散点图

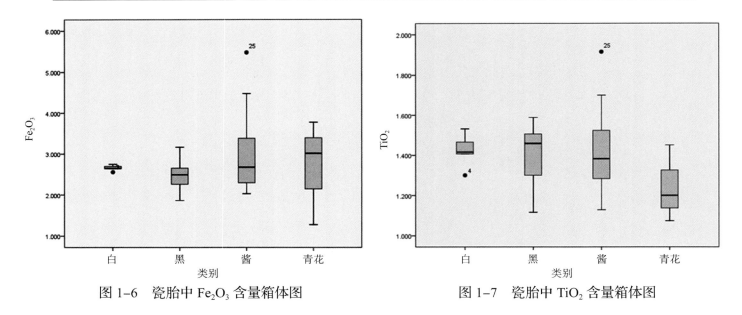

图 1-6　瓷胎中 Fe_2O_3 含量箱体图　　　　图 1-7　瓷胎中 TiO_2 含量箱体图

可以看出，四个不同瓷釉的瓷胎 Fe_2O_3 含量相差不大，其中白瓷瓷胎 Fe_2O_3 分布相对集中。青花瓷瓷胎 TiO_2 含量最低。

由于 TiO_2 和 Fe_2O_3 的存在，瓷胎普遍发灰，其中 24#、25# 标本由于 Fe_2O_3 含量高，瓷胎呈现红色。

1.3　其他主量元素

渭头河窑址瓷片标本所含的其他主量元素还有硫、氯、钾和钙等元素。CaO 和 K_2O 含量散点图见图 1-8，K_2O、CaO 含量箱体图见图 1-9、1-10。所有标本 K_2O 含量比较稳定，基本在 2%～4%，推测可能是瓷土原料中含有钾元素或加入了钾长石的原因。标本中 CaO 的含量基本在 0.5%～3%。

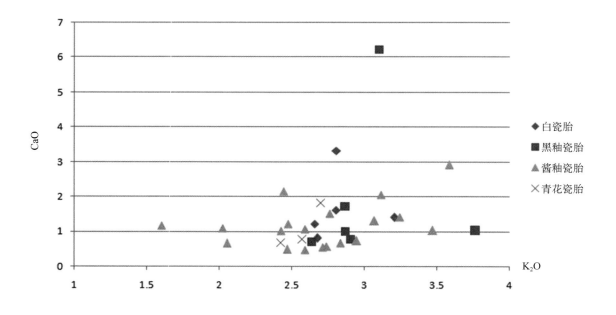

图 1-8　瓷胎中 CaO 和 K_2O 含量散点图

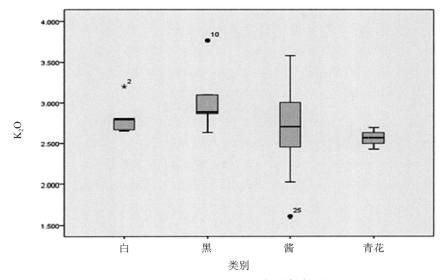

图 1-9　瓷胎中 K_2O 含量箱体图

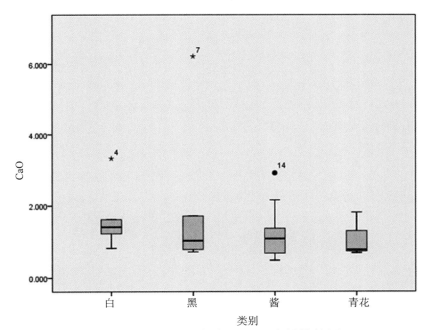

图 1-10　瓷胎中 CaO 含量箱体图

1.4　小结

以上关于渭头河窑址瓷片标本的检测和分析表明，不同品种瓷器标本 Al_2O_3、SiO_2 含量相差较大，其他主量元素相差不大。

2. 瓷釉检测结果

瓷釉为瓷胎外玻璃态的物质，相比瓷胎来说，釉中的 SiO_2 含量升高而 Al_2O_3 含量降低，充当助熔剂的其他金属元素含量升高。中国传统古陶瓷瓷釉的助熔剂主要有草木灰、钙长石、钾长石等。

Fe_2O_3 作为主要成色元素，在不同颜色釉中含量相差很大。

渭头河窑址瓷片标本瓷釉主量元素和微量元素含量见表 1-3、1-4：

表 1-3 瓷釉主量元素（%）

品种	编号	Al_2O_3	SiO_2	K_2O	CaO	TiO_2	Fe_2O_3	SO_3	Cl	b（木灰釉系数）
白瓷	1	17.787	72.3	5.487	2.397	0.427	1.021	0.241	0.152	0.30
	2	18.147	72.951	5.412	1.438	0.554	0.865	0.055	0.099	0.21
	3	22.544	66.831	6.239	1.451	0.634	1.29	0.406	0.152	0.19
	4	17.352	70.531	6.401	3.514	0.506	1.193	0.104	0.192	0.35
	5	19.407	71.526	5.356	1.17	0.444	1.042	0.385	0.309	0.18
黑釉瓷	6	15.291	68.094	3.694	5.267	0.783	5.905	0.04	0.156	0.59
	7	16.044	67.76	4.19	4.994	0.988	5.561	0.048	0.13	0.54
	8	16.05	67.918	3.557	5.186	0.839	5.942	0.042	0.165	0.59
	9	15.586	67.806	3.653	5.152	0.834	5.451	0.574	0.111	0.59
	10	17.117	67.958	3.829	4.684	0.858	5.087	0.067	0.124	0.55
	11	16.287	67.49	3.707	5.103	0.823	5.504	0.031	0.092	0.58
酱釉瓷	12	17.291	66.267	4.193	4.455	0.919	6.381	0.046	0.127	0.52
	13	13.869	69.923	3.75	5.348	0.919	5.64	0.101	0.131	0.59
	14	15.333	68.796	3.989	5.144	0.737	4.887	0.352	0.137	0.56
	15	16.576	68.168	4.462	3.632	0.984	5.628	0.052	0.182	0.45
	16	14.022	66.354	4.77	5.306	1.056	7.313	0.143	0.164	0.53
	17	12.365	64.366	6.199	5.939	1.49	8.606	0.09	0.508	0.49
	18	15.907	68.448	3.569	5.817	0.708	4.869	0.204	0.135	0.62
	19	15.721	66.971	4.215	4.664	0.999	6.851	0.065	0.185	0.53

品种	编号	Al$_2$O$_3$	SiO$_2$	K$_2$O	CaO	TiO$_2$	Fe$_2$O$_3$	SO$_3$	Cl	b（木灰釉系数）
酱釉瓷	20	15.231	68.386	4.053	4.729	0.914	6.232	0.021	0.127	0.54
	21	15.786	68.67	4.027	4.549	0.925	5.534	0.07	0.149	0.53
	22	15.728	68.202	4.399	4.486	0.871	5.885	0.028	0.086	0.50
	23	16.3	67.865	4.696	3.642	1.037	5.876	0.086	0.179	0.44
	24	15.364	63.791	3.636	4.552	1.081	10	0.06	0.156	0.56
	25	17.664	63.739	2.358	9.389	0.777	5.523	0.079	0.128	0.80
	26	17.081	69.112	4.19	3.69	0.866	4.533	0.072	0.172	0.47
	27	17.103	68.675	4.049	3.981	0.895	4.804	0.078	0.125	0.50
	28	20.761	64.204	3.59	4.202	0.98	5.749	0.065	0.126	0.54
	29	15.023	68.988	3.614	4.735	0.921	6.187	0.031	0.186	0.57
	30	15.761	68.13	3.7	5.041	0.865	5.993	0.034	0.135	0.58
青花瓷（白）	37	16.241	75.798	4.946	1.784	0.426	0.396	0.061	0.136	0.27
	38	14.284	71.969	3.495	9.235	0.117	0.519	0.061	0.143	0.73
	39	16.016	76.511	4.752	1.052	0.448	0.835	0.051	0.139	0.18

品种	编号	Al$_2$O$_3$	SiO$_2$	K$_2$O	CaO	TiO$_2$	Fe$_2$O$_3$	SO$_3$	Cl	Co$_3$O$_4$
青花瓷（蓝）	37	13.373	78.483	3.484	3.365	0.377	0.431	0.057	0.145	0.118
	38	14.641	68.176	3.446	9.718	0.156	0.673	0.084	0.125	2.602
	39	5.27	83.9	1.23	7.253	0.297	0.911	0.073	0.175	0.618

表 1-4　瓷釉微量元素（%）

品种	编号	V_2O_5	Cr_2O_3	MnO	NiO	CuO	ZnO	BaO	PbO
白瓷	1	0.019	0.004	0.014	0.004	0.005	0.004	0.03	0.002
	2	0.007	0.002	0.016	0.003	0.013	0.006	0.019	0.004
	3	0.029	0.008	0.017	0.006	0.007	0.015	0.022	0.007
	4	0.021	0.004	0.015	0.006	0.006	0.005	0.028	0.002
	5	0.02	0.005	0.013	0.005	0.004	0.004	0.026	0.002
黑釉瓷	6	0.024	0.004	0.065	0.007	0.009	0.01	0.033	0.005
	7	0.027	0.004	0.055	0.006	0.01	0.008	0.028	0.004
	8	0.025	0.006	0.061	0.008	0.01	0.008	0.034	0.005
	9	0.018	0.007	0.061	0.007	0.01	0.012	0.029	0.004
	10	0.02	0.005	0.049	0.006	0.009	0.007	0.036	0.004
	11	0.034	0.003	0.056	0.008	0.01	0.013	0.036	0.004
酱釉瓷	12	0.021	0.007	0.052	0.01	0.014	0.005	0.044	0.006
	13	0.022	0.007	0.074	0.009	0.012	0.009	0.032	0.004
	14	0.019	0.009	0.068	0.004	0.006	0.009	0.038	0.003
	15	0.027	0.011	0.046	0.009	0.01	0.007	0.035	0.005
	16	0.037	0.007	0.062	0.01	0.021	0.014	0.044	0.006
	17	0.055	0	0.098	0.012	0.019	0.008	0	0.005
	18	0.021	0.009	0.077	0.004	0.007	0.01	0.039	0.003
	19	0.026	0	0.067	0.009	0.01	0.003	0.037	0.006
	20	0.03	0.004	0.059	0.007	0.012	0.007	0.035	0.004
	21	0.026	0.006	0.055	0.008	0.012	0.007	0.029	0.005
	22	0.024	0.008	0.065	0.007	0.008	0.008	0.034	0.008
	23	0.024	0.002	0.063	0.008	0.01	0.005	0.035	0.004
	24	0.034	0.002	0.067	0.017	0.012	0.022	0.046	0.011
	25	0.023	0.006	0.092	0.006	0.012	0.007	0.021	0.004

品种	编号	V_2O_5	Cr_2O_3	MnO	NiO	CuO	ZnO	BaO	PbO
酱釉瓷	26	0.022	0.001	0.046	0.008	0.009	0.008	0.035	0.006
	27	0.025	0.002	0.044	0.007	0.009	0.004	0.036	0.005
	28	0.023	0.005	0.045	0.02	0.01	0.012	0.035	0.006
	29	0.028	0.004	0.059	0.008	0.013	0.01	0.029	0.005
	30	0.054	0	0.066	0.007	0.012	0.005	0.036	0.006
青花瓷（白）	37	0.003	0	0.012	0.007	0.008	0.001	0.031	0.003
	38	0	0	0.016	0.003	0.009	0	0.045	0.002
	39	0.007	0	0.005	0.01	0.006	0.001	0.027	0.003
青花瓷（蓝）	37	0.007	0	0.015	0.011	0.008	0.001	0.024	0.003
	38	0	0	0.04	0.157	0.012	0	0.055	0.002
	39	0.016	0.005	0.016	0.06	0.008	0.004	0.023	0

2.1 瓷釉中 Fe_2O_3、TiO_2 含量

渭头河窑址瓷片标本釉中 Fe_2O_3 含量的箱体图见图 1-11，TiO_2、Fe_2O_3 散点图见图 1-12。

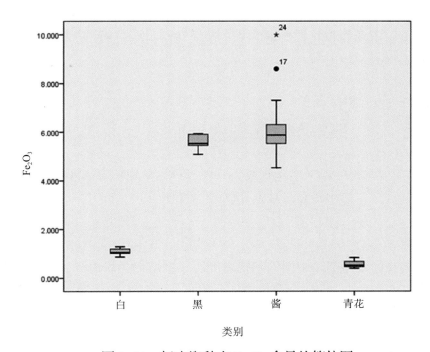

图 1-11 标本瓷釉中 Fe_2O_3 含量的箱体图

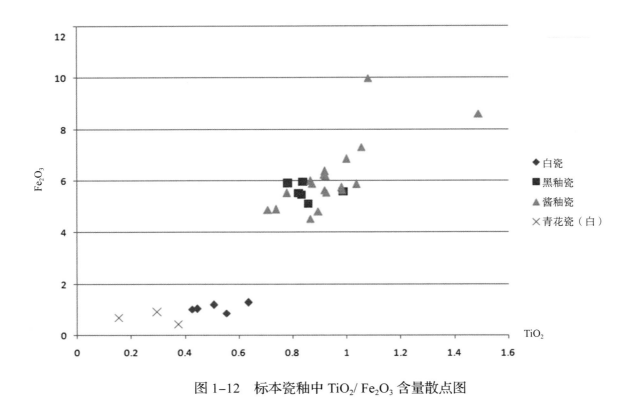

图 1-12　标本瓷釉中 TiO_2/ Fe_2O_3 含量散点图

通过 Fe_2O_3 含量的箱体图可见, Fe_2O_3 作为黑釉、酱釉瓷主要的成色元素,含量远高于白瓷和青花瓷。黑釉瓷 Fe_2O_3 含量约在 5% ～ 6% 之间,酱釉瓷 Fe_2O_3 含量大都在 4% ～ 8% 之间,最高的 24# 标本甚至到达了 10%。而白瓷和青花瓷 Fe_2O_3 含量均在 2% 以下。 TiO_2 的含量在青花瓷最低,白瓷次之,黑釉瓷和酱釉瓷含量较高。

2.2　瓷釉中 SiO_2、 Al_2O_3 含量

渭头河窑址瓷片标本釉中 SiO_2、 Al_2O_3 含量的散点图见图 1-13, Al_2O_3 箱体图见图 1-14, SiO_2 箱体图见图 1-15。

通过分析可见,白瓷瓷釉中 Al_2O_3 含量最高,其他三种标本瓷釉中 Al_2O_3 含量相当。青花瓷瓷釉中 SiO_2 含量最高,白瓷次之,黑釉瓷和酱釉瓷 SiO_2 含量略低。

2.3　其他主量元素

钙、钾是瓷釉中重要的助熔剂,中国的陶瓷史经历了助熔剂金属由少到多的过程,从最初的钙釉发展到后面的钙碱釉和碱钙釉,助熔剂含量也从最初的小于 10% 增加到 20% 左右。

渭头河窑址瓷片标本釉中 CaO、 K_2O 含量散点图见图 1-16, K_2O 箱体图、CaO 箱体图见图 1-17、1-18。通过分析可见白釉瓷器 K_2O 含量最高,而 CaO 含量最低。

钴是青花瓷蓝色的呈色元素,在 3 件青花标本蓝色图案部分,均检测到不同含量的钴元素存在。

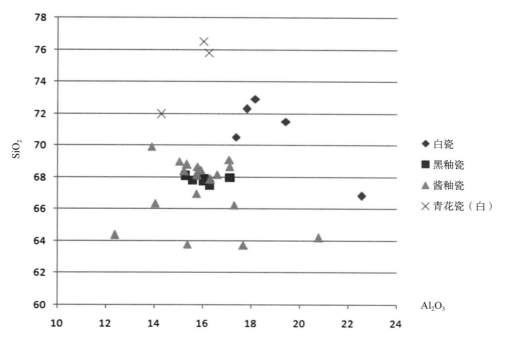

图 1-13　瓷釉中 SiO_2、Al_2O_3 含量的散点图

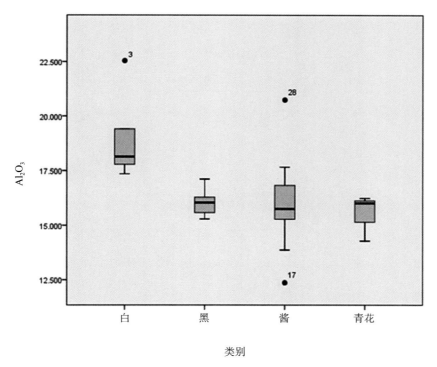

图 1-14　瓷釉中 Al_2O_3 含量的箱体图

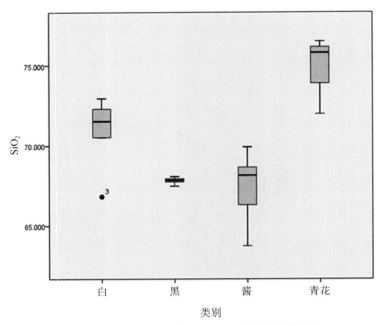

图 1-15　瓷釉中 SiO_2 含量的箱体图

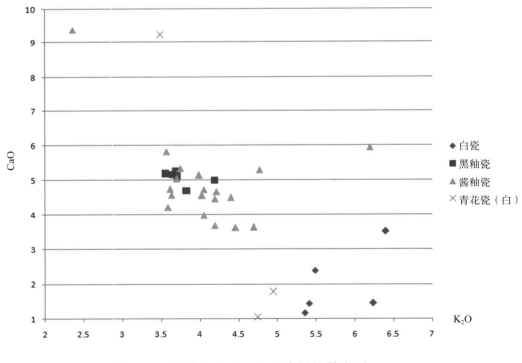

图 1-16　瓷釉中 CaO、K_2O 含量的散点图

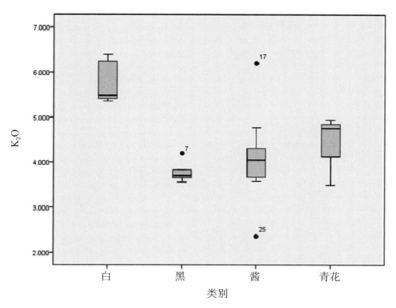

图 1-17　瓷釉中 K_2O 含量的箱体图

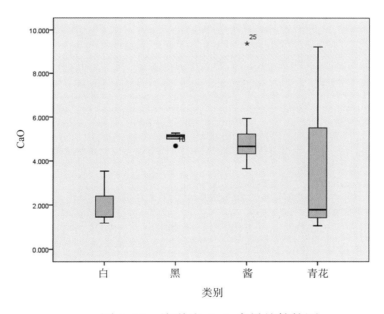

图 1-18　瓷釉中 CaO 含量的箱体图

草木灰是古代制釉的原料之一，木灰釉系数 b 可作为划分钙系釉的一个标准。

木灰釉系数 b=RO/（RO+R_2O）

上式中 RO 一般为 CaO、MgO，R_2O 一般为 K_2O、Na_2O。

一般认为钙釉 b ≥ 0.76，钙碱釉 0.5 ≤ b ≤ 0.76，碱钙釉 b < 0.5。

通过计算得出所有标本的木灰釉系数（见釉主量元素表），木灰釉系数箱体图见图 1-19。可以看出，大部分酱釉、黑釉标本的为钙碱釉，青花标本中一片（38#）为钙碱釉，其余两件为碱钙釉，所有白釉标本为碱钙釉。

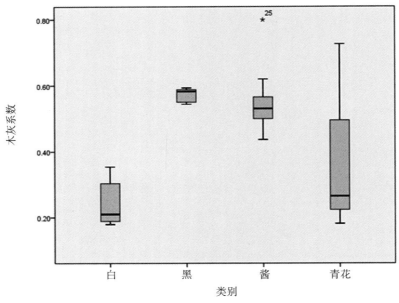

图 1-19　木灰釉系数箱体图

2.4　小结

通过胎釉成分的对比，不同品种瓷釉的成分区分更明显。酱釉、黑釉的呈色元素为 Fe_2O_3，其含量相对较高。大部分酱釉、黑釉标本的为钙碱釉，大部分青花瓷标本和白瓷标本为碱钙釉。

3. 窑具检测结果

窑具的主要成分见表 1-5。通过对比发现，窑具残片的化学组成与瓷胎相近。

表 1-5　窑具残片成分（%）

	编号	Al_2O_3	SiO_2	SO_3	K_2O	CaO	TiO_2	Fe_2O_3
窑具	31（窑具残片）	30.477	61.342	0.025	3.074	0.549	1.438	2.775
	32（窑具残片）	32.494	61.078	0.016	2.657	0.383	1.235	1.851
	33（窑具残片）	33.922	54.964	0.031	1.895	1.182	1.918	5.603
	34（窑具残片）	34.994	54.251	0.042	1.64	1.27	1.794	5.597
	35（火照）	21.024	42.318	7.917	3.403	14.762	2.754	6.906
	36（支钉）	27.819	40.014	13.921	2.554	8.419	1.93	4.708

三　结语

通过对渭头河窑址瓷片标本化学成分的分析检测，发现同一类陶瓷标本化学组成相对稳定，而不同品种陶瓷标本在化学组成上存在差别。这也说明该窑址不同品种产品在胎釉配方上存在差异。

瓷胎中的 Al_2O_3 含量相对较高，而 SiO_2 相对较少，符合中国北方大部分地区高铝低硅的瓷质特征。渭头河窑址地处于两大岩层交汇处，山岭起伏，河流纵横，矿产资源丰富，煤炭、铁、铝矾土和晶石等储量大，分布广，瓷土原料当为本地所出。

不同品种陶瓷标本 Al_2O_3、SiO_2 含量相差较大，这也说明窑工在制作不同品种陶瓷产品时，胎体用料上有所不同。

所有标本的瓷胎中成色元素 Fe_2O_3、TiO_2 含量均较高，造成瓷胎发灰，个别标本由于含铁量高几乎成红色。

通过对瓷釉化学组成的分析发现，酱釉、黑釉的主要呈色元素为 Fe_2O_3，其含量相对较高。3 件青花标本的成色元素为钴元素。

大部分酱釉、黑釉标本的为钙碱釉，大部分青花瓷标本和白瓷标本为碱钙釉（由于检测设备无法测出钠元素和镁元素，故造成木灰釉系数的计算可能存在较大误差）。

青花瓷釉中 SiO_2 含量最高，玻璃化程度最高。白瓷瓷釉中 K_2O 含量比其他品种含量高，可能釉料配方中加入了含钾矿物。

附录二　渭头河窑址窑工访谈录

闻其东[1]　赵昕宇[2]

（1.淄川区文物事业管理局　2.山东大学）

　　2013年11月23日，在窑址发掘过程中，我们有幸访寻到当年在渭头河窑工作、生活过的窑工张笃平老人。目睹考古队清理出来的各类遗迹，老人感慨万千、情绪激动，仿佛又置身于当年自己生产、劳作过的场景。如今，老人已是年近百岁，但思绪清晰，步履稳健。采访过程中，老人强烈要求不需要别人的搀扶，用满是皱纹的双手拄着拐杖，娓娓向我们讲述渭头河窑址昔日盛况。

　　以下文字内容，根据此次现场采访整理而来：

　　当天下午，老人由家人陪同，前往窑址发掘区，由于刚刚病愈出院，由女儿搀扶缓慢走进窑址区。

　　司维利总经理（下文简称司总）介绍到，2012年淄博市举办的"北方早期青瓷起源"论坛过程中，耿宝昌先生一行曾前往窑址参观、考察，并给予其很高的评价。此时，耿先生已92岁高龄。司总还介绍目前考古队由淄川文物局蔺局长，山东大学考古队相关队员等组成。询问得知老人名叫张笃平（后文简称张大爷），已97岁高龄。

　　张大爷女儿谈到，张大爷是在这里退休的，工作了30多年。

司总：咱慢慢从那边走，看看原来的老碾（石碾），你还记着么。那边清理出一些老碾、老池子。

一男子问张大爷：您在这干的时候还有那些老碾（石碾）吗？

张大爷：都有，窑神庙在那头（文革以前，在窑址西边山前，修建有窑神庙，老人回忆为一两进式院落，包括山门、门外两侧有石狮、对联等，后来窑神庙被毁，老人现在只能知道其大致位置）……

司总：那边有两盘碾，从那两盘碾中间（道路）上窑神庙，是吗？

张大爷：是啊。

司总：他都记着呢。

张大爷：窑神庙那里，两盘碾，我在那里干活。

司总：你在那干活吗（指着远处废弃的厂房）！

张大爷：一个窑上我干了18年。

司总：我还有那相片呢，就在那门口，两个碾。

张大爷：不远，两个碾不远。

司总：就刚才我给看的照片。

司总：他（张大爷）还对石碾记忆深刻呢！

……

紧接着，司总评价张大爷是我们的宝贵财产，已经97岁了，当时得知老人生病住院，亲自前去探望，等到老人出院，迫不及待的把他接到窑址发掘现场，了解当年窑厂生产的基本情况。

司总：他说话还很有底气，上楼梯不用扶。这一个原来是小港机房，夏天喂水（供水）的地方，（外侧）有一盘石碾。

张大爷：这里有盘碾，那边是沟东。

司总：那边你记着么？那盘碾。

张大爷：那盘碾……

司总：渭沟东（地名）那盘碾？我听他们说这盘碾是苇洼地（当地俗称）。

张大爷：是苇洼地。

司总：这盘碾是……那盘是渭沟东，比较早。

张大爷：窑在那边（东边）。

司总：对，就是沟东边（一号石碾，搀扶老人往东边走去）

张大爷解释道：石碾是用来加工瓷土的，当时一天是加工42担土，320罐水，旁边还配套有一眼井。

司总：320罐，多么大小的罐？

张大爷：一个罐盛一担水。

司总：那边炝完泥（加工泥料的过程），这就是那个池子？

张大爷：两个池，还有个旱池，放下个槽子，把泥掐细了，碾熟了……很多遍。

司总：还得踩泥（练泥）么？

张大爷：还得糊，有个糊泥锨，晒干了泥，压得这么高，一个窑使多少泥，放多少坯。有干打骨架的（工人），今年八十六七了。把泥摔下，接上，和盘磨似的，有个专人，做板凳上，和出坯来接上（把练好的泥坯放在轮盘上进行拉坯，有专门工人负责制作板凳面板，然后进行接坯工作）。

司总：走，咱上那边看看那个大碾（一号碾）。

张大爷：不用看，我都知道。

司总：我还问你个事啊，这碾跟前还有个牛棚是不？

张大爷：有的，牛拉碾，当时养了好些牛……

张大爷：今天碾了泥，回家喂牛，四斤半玉米。

　　一行人继续往前走，地表残留一小部分碾槽，司总询问老人其具体年代，老人依稀记不清楚。

司总：这是那碾，淌水的凹槽。

张大爷：是的，用榆树做的碾杆，断不了……掐熟了泥，去了坨……淌出来（是指泥料在发酵好后去掉杂质，最后在引来井水进行冲洗）。

司总：这里的井在哪？

张大爷：在一边。

司总：我看一张照片，这里有一条沟，往里淌水。牛从沟上走。

……

司总：咱上那边看看那个井，这边角落里一个井（一号碾旁边），那边一个。41号窑碗窑在这边，西南窑在那边，咱过去看看这个井。

……

司总：这里一个井，那边一个井，五六米深，自己往里淌水么。

张大爷：自己涨水，底下有。

男A：70年代这里有个屋，做盆（制作盆）。

张大爷：这是东南窑。

男 A：你哪一年在这里干。

张大爷：不记得了，25（岁）我就在这。

司总：民国三十二年以前你就来了。

张大爷：……给地主干，姓孙，好多家。

司总：这里这个井，你看看，比沟东的早。这个井管着（对应）哪个池子？

张大爷：这盘碾。

司总：大的还是小的。

张大爷：大的。

司总：大的底下出了个小的（小型石碾槽）。

张大爷：净是大的。

司总：这个井喂（对应）这个碾。

张大爷：一盘碾喂（对应）一眼井。

司总：你看这里的池子（C9），好好想想，为什么会有一堆木桩在这里？

张大爷：碾上没有木头，有点木头都在窑屋里烧窑（证明 C9 内木桩都是晚期才出现的）。

……

司总：现在专家来看不知道这些木头干啥，但是掐的料都上这池子里。你见过这些木头么？

张大爷：没见过。

司总：我给你介绍一下，这是蔺局长。……那里还有个井（J1），井底下还有三层木头，用木头架起来个框（基础部分是木框结构），想着了么？

张大爷：……

司总：这个井是啥时候的？

张大爷：没想着。好几家，好多井，一个窑一盘碾。

……

张大爷：这里有孙家，司家碾……

司总：这房子（F3）想着了么？

张大爷：都是办公室。

司总：这些房子是建国以前修建的还是建国后？

张大爷：不知道。

司总：这个小屋呢（F4）？

张大爷：……

司总：这两个窑你知道啥时候建的么？

张大爷：想不着，我来的时候有好多窑了。

司总：有小的窑么？

张大爷：都是大窑。

司总：暖气屋（F1、F2）啥时候盖的？

张大爷：公家盖得。这些碾跟前都是小房子，用手就够着屋檐了。

司总：你看看那个井，这里两个井（J1、J2）挨着。

张大爷：那边是 41 号碗窑，那边是缸窑（说明当时各个窑炉烧造的产品可能各有不同）。

司总：你想着这井是自己淌水还是用桶。

张大爷：用辘轳摇上来。

……

司总：这个井很深，没有辘轳的时候，是不是用手往上提溜。

张大爷：没有拉着，都使辘轳。

司总：这个炉烧几个碗（窑炉装烧量）？

张大爷：一摞。装到顶，比 41 号窑高。……这里的井边打，边涨水。

司总：水最浅的时候多深？

张大爷：用罐就能舀到，好水（可饮用）……

司总：那边楼跟前一堆油瓮。

张大爷：……（听不懂）

司总：这屋就是办公室么？哪个盖得早？

张大爷：这边。

司总：你想着旱洞么（一层的券洞式结构）？

张大爷：……（听不懂）

与此同时，淄川区文物事业管理局同事与同来的另一位王姓大爷聊天，也获得部分早年渭头河窑生产状况的内容。

蔺局长：找你了解了解情况，你是哪个村的？

王大爷：渭二村。

蔺局长：你哪年进这个厂的？

王大爷：我也忘了，十几岁进的。

蔺局长：那时候解放了么？

王大爷：没有，都是资本家。

蔺局长：你烧哪个窑？

王大爷：这个窑（Y1）。

蔺局长：你一进厂干啥？

王大爷：学打坯、打烧。

蔺局长：学打坯和烧窑。你哪一年退休？

王大爷：50 岁退休的，今年 87 了。

蔺局长：你学打烧，50 退休，在这干了 30 多年？

王大爷：不光在这，那时候资本家想在哪就在哪干。

蔺局长：后来公私合营你就在这干了？

王大爷：不是公私合营。这个窑是资本家的窑，后来不知道怎么回事，让别人接手了。

蔺局长：姓戚，戚继光的戚，后来姓张的接手。那时候你记着，这个房子(F1)早有了，还是窑(Y1、Y2)差不多那时候早有了。

王大爷：那有一个西屋，这屋是油，放坯接坯都在这里头。做缸。

蔺局长：你记着这里头，现在挖出来的池子和这些房子吗？

王大爷：窝窝。

蔺局长：窝窝是啥意思？

王大爷：你看这个大池子（晾泥池），石碾制作出泥料来放入大池子里，满了多出来就放在窝窝里了。

蔺局长：实际上叫晾泥池。你最早那时候记着这些池子都用了么？

王大爷：那时候俺使着。晾出彩六(泥料脱水,发生龟裂现象)来才做坯，再挑屋里去，……再糊了，就和和面似的浇开水，才放坯。

蔺局长：这角上的圆池子是干什么的？

王大爷：放清水。

蔺局长：放了以后，清水是让它淌走还是使用？

王大爷：都走了。

蔺局长：那边上窑通着还有一个小渠，窑前面的空地是不是盛炭。

王大爷：这地方是盛炭，那边是个窑屋，干活的在里面换换衣服。

蔺局长：烧的时间不短，一窑。

王大爷：三天三夜。

蔺局长：当时牛拉碾有几盘，这个院子里，现在出来三盘了。

王大爷：西……窑有一盘，东……窑挨着，……到那边那个窑（Y3,现叠压于公路之下,未清理）有一盘。

蔺局长：这个碾你当时记着用来？看见这个挺完整的这个。

王大爷：分不出来了，这头好多碾。

蔺局长：这里的池子你还有印象么？压在房底下这个？

王大爷：这是个旱池（晾泥池）。

蔺局长：盛什么的？

王大爷：这个池子满了……那时候不一个池子。资本家算计真挺（精明），膏药池那时候4、5块钱……

蔺局长：旱池盛原料？

王大爷：也是原料，都是原料。

蔺局长：旱池，碾磨出来那一个池子，一个泥浆池？

王大爷：有个大池子，料直接淌里面。

蔺局长：旱池盛运来的料？

王大爷：也是从大池子上外面淌，大池子满了淌到小池子里。

蔺局长：大池淌小池，一般是两个池子配套使用。

王大爷：叫我来看了好几回了。

蔺局长：实际上，一个窑配四个池子，最少是三个。

王大爷：最少是三个。

蔺局长：一个大池子是大泥浆池。还一个旱池（晾泥池）。

王大爷：那个小池盛清水。

蔺局长：那是清水池，这是那个浅池。先碾出来往大池子（泥浆池）淌，大池子淌完再往旱池淌（晾泥池）。

王大爷：最后水淌到小池内（沉淀池）。

蔺局长：小池以后，把泥打到（让泥料在池底沉淀下来）。

王大爷：多出来上这晾泥池了（沉淀下来的泥料再放到晾泥池内）。

蔺局长：就是这个晾泥池，水再淌到清水池，顺着水沟上河里去了。那一个窑有四个池子，大泥池，旱池，晾泥池，小清水池。那时候一天使用石碾制作多少泥料？

王大爷：两方泥。五担清土，五担黄土，这是个配方，弄到里面掐了（研磨），再放出来，带着水。

蔺局长：掐出来的泥浆挺稀了？放开塞就淌？

王大爷：放出来一根槽沟，泥浆淌了，剩下渣泥，用来烧砖。

蔺局长：这里当时都是缸窑，还有？

王大爷：这里一个碗窑，行情不好了，又改成缸窑了。唐山地震那年我在这里通窑。

蔺局长：这个碗窑的泥池在哪？

王大爷：在那边。

蔺局长：那碾都在那，上这走，池子都在这个房子（F1）底下压着？

王大爷：……

蔺局长：那边它那碾、池子、井都在这边，顺着向这走。

王大爷：那泥、池都在外头了。

蔺局长：这里的都是这个窑的。

王大爷：这里的碾是这个窑的，那个窑的碾在那边。

蔺局长：那这里就是两套。

王大爷：（地名）的两盘碾，碾出的料，十几人挑都很累。

蔺局长：不如这里省劲。

王大爷：这里近。

蔺局长：你看这个木桩（C9内）。

王大爷：这是以后建的，我只管干活，不知道什么时候修建的？

蔺局长：现在这个，后来工业建设应该是厂里一些负责的，岁数不是很大吧。

王大爷：那是大缸机屋，这是大缸晾晒屋。那边烊出缸来，使推车推到这边。

蔺局长：这个池子就是晚的了？提水的话一天提很多水。

王大爷：使辘轳。

蔺局长：一个人一天能提上么？

王大爷：一会功夫。它那个碾圆形的……

蔺局长：今天来的那个张笃平就是干这个活的？

王大爷：他啥都干。我在 35 窑的时候，他在打烧，往外边扒灰。

蔺局长：他除渣。

王大爷：他的小孩在旁边，我问这是谁的小孩，他说是他的。

蔺局长：你这不和他参加工作差不多。

王大爷：他早，我一开始在（地名）那个窑，那时候（几个人名）一块学手艺。

蔺局长：你十几岁开始学手艺？

王大爷：十六。

蔺局长：学几年？

王大爷：那时候子母徒学一年多才有钱。

蔺局长：子母徒啥意思？

王大爷：我父亲会，我的家庭，我父亲，二叔三叔都是干这个的。

蔺局长：学一年就可发钱。

王大爷：外头的得三年才有钱。

蔺局长：十六学徒，不几年就快解放了。

王大爷：……后来区里接手了，区办窑厂。

蔺局长：您叫什么？

王大爷：王贞文。

蔺局长：你这个耳朵基本能听见。

王大爷：慢点就能听见，一个听不见。

蔺局长：那时候这个房子以前是一层还是两层。

王大爷：这是盖的楼，国家接手的时候改成办公室了。

蔺局长：很早就盖了？中华人民共和国成立前。

李新老师：哪个？

蔺局长：这个房子。

李新老师：这些呢？

蔺局长：这些是跟这些窑一起的。

李新老师：那这些窑就到不了清代了。

李新老师：这些井能想着么？

王大爷：记不着了。

李新老师：反正中华人民共和国成立前就有？

王大爷：早就有了。这个伙计他父亲是最后的徒弟。

蔺局长：你记着这个碾先往大池子淌，大池边上一个旱池。

王大爷：都不远。

蔺局长：大池、旱池、泥池、清水池。清水池淌出清水就完事了，这样就对了。旱池底下铺底，向下做水么？

王大爷：都铺底。

蔺局长：那边打出来没铺底。按理说那边还有个池子。

王大爷：我看那个池子里还有料呢。

蔺局长：那边应该还有个池子呢。

王大爷：这里四、五盘碾，这些房子盖住很多。

蔺局长：井都离着碾很近？

王大爷：不算远。

2016年秋，当我再次前往渭头河窑址整理期间，在与司总闲聊过程中得知，张笃平老人已于2014年末与世长辞，享年98岁。惋惜之余，我不禁感叹老人一生，生于斯，长于斯，临了不经意间还给后世子孙留下宝贵的文化遗产，可谓为了渭头河地区窑业生产贡献自己平凡的一生！

后　记

　　2013年10月2日，正沉浸在国庆假日期间的我突然接到方辉院长电话，得知淄博市淄川区发现一处大型古代瓷窑址，亟需进行相关考古工作。简单整理后，我即刻赶赴窑址所在地——淄博市淄川区，并与当地文物部门接洽，了解窑址的现状，商讨下一步工作计划。正是在此次接洽中，幸遇和蔼敬业的蔺开庆局长，儒雅帅气的闻其东副局长，知性热情的石峰馆长和一众亲切友善的同仁。简单交流之后，考古队便前往渭头河窑址现场。漫步于窑址之上，瞬间的我被眼前景象所震惊——俯拾即是的瓷器、窑具残片，矗立在北方秋日阳光下的两座高大马蹄形窑，还有在杂草丛生、树荫中若隐若现的石碾和制作间，依稀向我们述说着自己往昔的辉煌。在现场，窑址发现的见证者，现淄博市兴利陶瓷有限公司负责人司维利先生热情向我们介绍了渭头河窑址发现的过程，并表达对窑址现状的隐隐担忧。言语行间，透露出一位社会热心人士对家乡和对淄博地区古代陶瓷生产的拳拳之心，也深深触动了我敏感的专业神经。同时，也促使我下定决心，对窑址开展系统的考古工作，让默默无闻的渭头河窑完整呈现于世人目光之中，再现窑址昔日辉煌。

　　短暂的修整与论证后，整个发掘工作从10月15日开始，至12月26日结束。寒来暑往，秋去冬来，在两个半月的野外工作中，考古队员们之间不仅建立起深厚的友情，也获得大量的考古材料，对于认识、研究渭头河地区古代瓷器手工业面貌和内容提供了大量翔实、可靠的考古材料。今昔忆当初，头顶烈日与尘土清理各类遗迹、手握探灯于窑室内清理窑箅、冒着寒风在西山进行瓷器原料、燃料调查等情景历历在目。迄今，此次发掘的成果终以一册不算丰满的书稿呈现于读者，感慨颇多。对发掘期间各单位和个人多方面的帮助，在此一并表示感谢和致敬！

　　首先，感谢淄博市文物局、淄川区文物事业管理局和山东大学历史文化学院、文化遗产研究院的大力支持，排除各方面困难，促成此次发掘工作的顺利、圆满完成。感谢淄博市兴利陶瓷有限公司总经理司维利先生在发掘期间给予人力、物力等方面的鼎力配合，并以极大的包容保证各方面发掘工作顺利开展。其次，感谢山东大学历史文化学院任相宏教授，于百忙之中多次亲临发掘现场，指导各项工作的开展。感谢方辉教授在整个发掘过程中给予的充分肯定与鼓励。感谢原淄博市文物局徐学琳主任、李新老师，淄川区文物事业管理局蔺开庆局长、闻其东副局长、石峰馆长、孟令会副局长、李瑞兴科长等友人始终坚守在发掘现场，保证整个发掘工作的顺利开展。兴利陶瓷有限公司已故朱培宏老先生在发掘过程中给予各项技术、实验考古方面的指导与帮助，使考古队员受益匪浅。最后，感谢研究生汪洋对报告文字和插图进行基本整理与编排工作，周蕙和霍东升对出土器物进行拍照，研究生罗玲、严雯珺对报告线图进行修整，吕晓昱的《淄川渭头河窑址产品烧造工艺探究》、孙华勇的《渭头河窑址产品化学成分检测报告》对渭头河窑产品生产技法以及化学成分进行系统研究。感谢文物出版社责任编辑秦彧、彭家宇对本报告出版付出大量的工作。正是大家的共同努力，促成了本次考古工作和报告的圆满完成！

　　北国瓷都，厚积薄发，千年窑火，薪火相传！

陈章龙

2019 年 12 月于泉城

彩版一　渭头河窑址位置示意图

1. 20 世纪 50 年代
龙泉公社大会场景

2. 1957 年龙泉
煤矿移交场景

3. 1958 年为支援农业
水利建设研发的陶管机

彩版二　20 世纪 50 年代淄川工业化面貌

1. 技改团队在研究
陶管机的出泥口

2. 1963 年大缸成型
机技术鉴定会场景

3. 20 世纪 60 年代淄
川陶瓷厂会议场景

彩版三　20 世纪 60 年代淄川陶瓷厂工作照

1. 原淄川陶瓷厂新
开发陶瓷"婆婆"

2. 原淄川陶瓷
厂研发双龙瓶

3. 20 世纪 70 年代大
缸成型车间生产场景

彩版四　20 世纪 70 年代淄川陶瓷厂工作照

1. 20 世纪 70 年代陶管成型车间

2. 20 世纪 70 年代硫酸坛装窑场景

3. 1975 年淄川陶瓷厂新建中的窑炉

5. 2001 年渭头河生产的"中华龙提梁壶"

4. 2001 年渭头河生产"中华龙世纪瓶"

彩版五　淄川制瓷业生产工作照及产品

1. 窑址发掘前状况

2. 发掘前地表堆积的建筑垃圾

彩版六　渭头河窑址发掘前场景

1. 荒草掩映下的 Y1

2. Y2 后部杂草

彩版七　渭头河窑址 Y1、Y2 发掘前场景

1. 破坏殆尽的 Y3

2. 垃圾掩埋的制作间

彩版八　渭头河窑址 Y3、制作间发掘前场景

1. 地表暴露的一号石碾

2. 地表现存的一号制作间

彩版九　渭头河窑址发掘前场景

1. 清理窑炉顶部杂草

2. 清理操作间地面

彩版一〇　渭头河窑址发掘场景

1. 窑址东面取土坑

2. 采集土样标本

彩版一一 窑址发掘过程中采样场景

1. 窑址西面矿坑

2. 窑址西面变
质岩山体断面

彩版一二　渭头河窑址周边资源

1. 采集瓷土烧造样品

2. 采集瓷土烧造样品

3. 出土瓷片标本回炉烧造

4. 出土瓷片标本回炉烧造

彩版一三　复原试验样品

1. TG1 清理情况（西北向东南拍摄）

2. TG1 清理情况

3. TG1 一号地炉

4. TG1 内二号地炉情况

彩版一四　TG1 发掘场景

1. TG2 清理情况

2. TG2 内料缸相互叠压情况

3. TG3 地层情况

4. TG3 堆积状况

彩版一五　TG2、TG3

1. TG4 清理情况

2. TG4 西北壁堆积

3. TG4 内地炉

彩版一六　TG4

1. TG5 清理情况

2. TG6 清理情况

彩版一七　TG5、TG6

1. F1 整体情况（东南向西北拍摄）

3. F1 一层券顶情况

2. F1 西北部残损部分

彩版一八　F1

1. F2 侧面

2. F2 顶部

彩版一九　F2

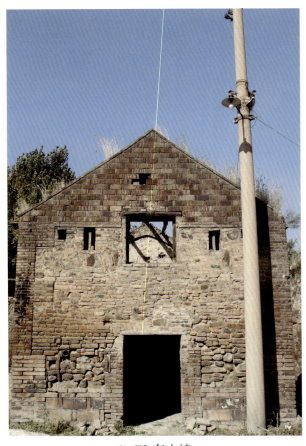

1. F2 东山墙

2. F2 后部清理砖铺地面

3. F2 东北面墙壁

彩版二〇　F2

1. F2 二层清理情况（南—北）

2. F2 二层券拱（北—南）

1. F2 二层清理后（转折处）

2. F2 二层转角处挑梁

彩版二二　F2

1. F2 一层内部山墙
（西向东拍摄）

2. F2 一层券拱（南北向拍摄）

3. F2 一层券拱转折处

彩版二三　F2

1. F4 清理情况（东西向拍摄）

2. F6 清理情况（西向东拍摄）

彩版二四　F4、F6

1. 一号石碾

2. 二号石碾现状

3. 旧时渭头河地区牛拉碾场景

彩版二五　一、二号石碾

1. C1、C2 清理情况（南北向拍摄）

2. C1 清理及底部泥土情况

3. 旧时窑工从泥浆池内舀水

1. C4 内残留泥料

2. C8 堆积

彩版二七　C4、C8

1. C9 清理情况

2. C9 泥浆池内朽木

3. C4、C9 连接处清理情况

彩版二八　C9

1. C3 堆积情况（北向南拍摄）

2. C6 清理情况（西北向东南拍摄）

彩版二九　C3、C6

1. C7 清理情况

2. C7 清理细部结构

3. C7 清理情况（西向东拍摄）

1. C10 清理情况（北—南）

2. C10 东南壁

3. C11 清理情况

彩版三一　C10、C11

1. C2 清理情况

2. C2 西南角出口

彩版三二　C2

1. C2 北壁砌筑情况

2. C2 西壁砌筑情况

3. C2 西壁中段

彩版三三　C2

1. C5 清理情况（南—北）

2. C5 清理情况

彩版三四　C5

1. TG1 料缸

2. TG1 清理过程

彩版三五　TG1

1. TG1 料缸

2. TG1 料缸

3. TG1 料缸

4. TG1 料缸

彩版三六　TG1 料缸

1. J1 井口

2. J1 内壁情况

3. J1 底部木框

彩版三七　J1

1. Q1 南段残损情况

2. Q3 清理情况（西—东）

3. Q3 清理情况

彩版三八　Q1、Q3

1. Y1 正面

2. Y1 后部砌筑情况

彩版三九　Y1

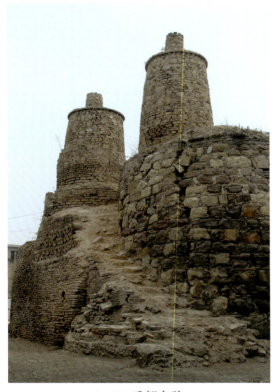

1. Y1 后部台阶

2. Y1 后部砌筑情况

3. Y1 出灰口

4. Y1 出灰口内部

彩版四〇　Y1

1. Y1 内壁及顶部券砖情况

2. Y1 券顶内部

3. Y1 后壁测温孔出土火照

4. Y1 取火照场景

1. Y2 正面

2. Y2 后部情况

1. Y2 内顶部

2. Y2 后外部测温孔情况

3. Y2 内排烟孔

彩版四三　Y2

1. Aa 型白瓷碗 2013ZWC7：6

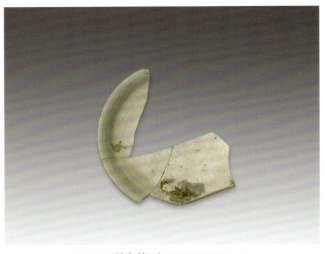

2. Aa 型白瓷碗 2013ZWC7：6

3. Ab 型白瓷碗 2013ZWF3：10

4. B 型白瓷碗 2013ZWF3：41

5. C 型白瓷碗 2013ZWF3：11

6. 青白瓷碗 2013ZWC7：1

彩版四四　白瓷碗、青白瓷碗

1. Aa 型黑釉碗 2013ZWF3：22

2. Ab 型黑釉碗 2013ZWC4：1

3. Ab 型黑釉碗 2013ZWC4：1

4. Ac 型黑釉碗 2013ZWC7：46

5. Ac 型黑釉碗 2013ZW 采：35

6. Ac 型黑釉碗 2013ZW 采：35

彩版四五　黑釉碗

1. Ba 型黑釉碗 2013ZW 采：120

2. Bb 型黑釉碗 2013ZWY2：2

3. Bc 型黑釉碗 2013ZWF1：9

4. Bc 型黑釉碗 2013ZWF1：9

5. Bc 型黑釉碗 2013ZWC2：2

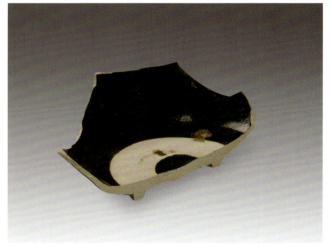

6. D 型黑釉碗 2013ZW 东侧西屋：9

彩版四六　黑釉碗

1. Ab 型酱釉碗 2013ZW 采：122

2. Ab 型酱釉碗 2013ZW 采：122

3. Ad 型酱釉碗 2013ZW 东侧西屋后：7

4. Af 型酱釉碗 2013ZW 东侧西屋后：3

5. Bb 型酱釉碗 2013ZWF3：2

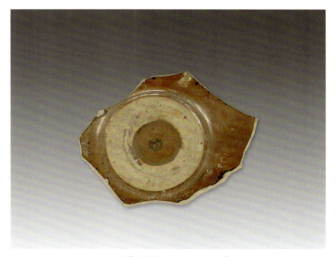

6. Cb 型酱釉碗 2013ZW 采：113

彩版四七　酱釉碗

1. Db 型酱釉碗 2013ZW 采: 15

4. Dd 型酱釉碗 2013ZWJ1：9

2. Db 型酱釉碗 2013ZW 采: 16

5. Dd 型酱釉碗 2013ZWJ1：9

3. Db 型酱釉碗 2013ZW 采: 16

1. B 型白瓷盅 2013ZW 采：9

2. B 型白瓷盅 2013ZW 采：9

3. A 型酱釉盅 2013ZW 采：89

4. A 型酱釉盅 2013ZW 采：89

5. B 型酱釉盅 2013ZW 采：41

6. C 型酱釉钵 2013ZWF3：33

彩版四九　瓷盅、酱釉钵

1. 青花碟 2013ZW 采: 1

2. 青花碟 2013ZW 采: 1

3. A 型酱釉壶 2013ZW 采: 138

5. B 型酱釉壶 2018ZW 采: 11

4. A 型酱釉壶 2013ZW 采: 138

6. B 型酱釉壶 2018ZW 采: 11

彩版五〇　青花碟、酱釉壶

1. 蓝釉瓶
2018ZW 采：18

2. 酱釉瓶
2018ZW 采：19

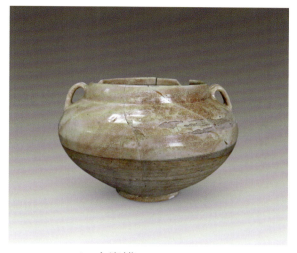

3. 白瓷罐 2013ZWJ2：4

4. A 型黑釉罐 2013ZW 采：132

5. Ba 型黑釉罐 2013ZW 采：134

6. Bb 型黑釉罐 2013ZW 采：136

彩版五一　瓷瓶、瓷罐

1. Aa 型酱釉罐 2018ZW 采: 1

2. Ac 型酱釉罐 2013ZW 采: 124

3. Ac 型酱釉罐 2013ZW 采: 126

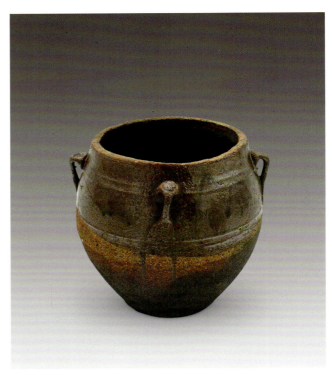

4. Ac 型酱釉罐 2013ZW 采: 127

彩版五二　酱釉罐

1. Ac 型酱釉罐 2013ZW 采：128

3. Cb 型酱釉罐 2013ZW 采：131

2. Ad 型酱釉罐 2013ZW 采：129

4. Cb 型酱釉罐 2013ZW 采：131

彩版五三　酱釉罐

1. Aa 型酱釉坛 2018ZW 采：12

4. B 型酱釉坛 2018ZW 采：13

2. Aa 型酱釉坛 2018ZW 采：12

5. B 型酱釉坛 2018ZW 采：13

3. Aa 型酱釉坛 2013ZW 采：140

彩版五四　酱釉坛

1. A 型酱釉缸 2018ZW 采：5

2. 缸沿戳印"大三缸"

3. B 型酱釉缸 2018ZW 采：4

4. 缸沿戳印"中二缸"

彩版五五　酱釉缸

1. B 型酱釉缸 2018ZW 采: 12

2. B 型酱釉缸 2018ZW 采: 2

彩版五六　酱釉缸

1. B 型酱釉缸 2018ZW 采: 8

2. B 型酱釉缸 2018ZW 采: 3

3. C 型酱釉缸 2018ZW 采: 6

彩版五七　酱釉缸

1. A 型酱釉暖婆婆 2013ZW 采：143

2. B 型酱釉暖婆婆 2013ZW 采：144

3. 陶架 2018ZW 采：14

4. 蓝釉架 2018ZW 采：16

5. 酱釉架 2018ZW 采：15

彩版五八　暖婆婆、衣架

1. 酱釉电视柜 2018ZW 采：17

2. 酱釉电视柜 2018ZW 采：17

4. 酱釉绣墩 2018ZW 采：21

3. 酱釉桌、凳 2018ZW 采：20

5. 酱釉虎子 2013ZW 采：146

彩版五九　酱釉瓷器

1. 酱釉泵 2018ZW 采: 22

4. 酱釉泵 2018ZW 采: 23

2. 酱釉泵 2018ZW 采: 22

5. 酱釉泵 2018ZW 采: 23

3. 酱釉泵 2018ZW 采: 22

6. 酱釉泵 2018ZW 采: 23

彩版六〇　酱釉泵

1. 酱釉蒸馏器 2018ZW 采：24

3. 酱釉冒泡器 2013ZW 采：50

4. 锡棒 2013ZW 采：51

2. 酱釉蒸馏器 2018ZW 采：24

5. 方砖 2013ZWTG1：11

彩版六一　工业陶瓷

1. 钵状匣钵 2018ZW 采: 24

4. 筒状匣钵 2018ZW 采: 27

2. 筒状匣钵 2018ZW 采: 25

5. 筒状匣钵 2018ZW 采: 28

3. 筒状匣钵 2018ZW 采: 26

6. 筒状匣钵 2018ZW 采: 28

彩版六二　匣钵

1. 蘑菇状窑具 2013ZWY1∶4

2. 模具 2013ZWF1∶3

3. 陶垫 2013ZWF1∶50

4. 陶垫 2013ZWF3∶25

5. 圆形垫具 2013ZWF3∶17

6. 马鞍形垫具 2013ZWC9∶3

7. A 型扇形垫具 2013ZW 采∶7

8. C 型扇形垫具 2013ZWC7∶17

9. 弧长条形垫具 2013ZWC6∶1

彩版六三　窑具

1. A 型间隔具 2013ZW 采：61

2. B 型间隔具 2013ZWF3：29

3. C 型间隔具 2013ZW 采：79

4. C 型间隔具 2013ZW 采：79

5. Aa 型火照 2013ZWY1：1

6. Aa 型火照 2013ZWY1：2

7. Ab 型火照 2013ZWC3：1

8. B 型火照 2013ZWC7：3

9. C 型火照 2013ZWTG4：10